文化名家谈佛录

名家谭系列

杨耀文\选编

全国百佳出版社
中央编译出版社
CCTP
Central Compilation & Translation Press

图书在版编目(CIP)数据

文化名家谈佛录/杨耀文选编. —北京:
中央编译出版社,2011.10
(名家谭系列)
ISBN 978-7-5117-1016-1

Ⅰ. ①文…
Ⅱ. ①杨…
Ⅲ. ①禅宗-文集
Ⅳ. ①B946.5-53

中国版本图书馆 CIP 数据核字(2011)第 199742 号

文化名家谈佛录

出版人	和　龑
责任编辑	杜永明
出版发行	中央编译出版社
地　　址	北京市西城区车公庄大街乙 5 号(100044)
电　　话	(010)52612345(总编室)　(010)52612341(编辑室) (010)66161011(团购部)　(010)52612332(网络销售) (010)66130345(发行部)　(010)66509618(读者服务部)
网　　址	www.cctpbook.com
经　　销	全国新华书店
印　　刷	中青印刷厂
开　　本	710mm×960mm　1/16
字　　数	265 千字
印　　张	15
版　　次	2011 年 12 月第 1 版第 1 次印刷
定　　价	32.00 元

本社常年法律顾问:北京大成律师事务所首席顾问律师　鲁哈达

写在前面的话

这是一本专说中国禅、佛的书。

本书精选了二十多位最有名望和代表性的名家大师，为我们谈佛说禅，答疑解惑。

我们可以在梁启超的《佛陀时代及原始佛教教理纲要》、杜继文的《中国佛教哲学》等大师的文章中，了解“佛理”；在弘一法师（李叔同）的《晚清集》、朱自清的《禅家的语言》等大家的文章中，学习“禅语”；在徐志摩的《天目山中笔记》、周作人的《山中杂信》等文章中，见识名家的“参禅”；在范文澜的《禅宗——适合中国士大夫口味的佛教》、张中行的《禅悦和禅风》、季羡林的《作诗与参禅》等文章中，“识禅”、论禅；在朱湘的《想入非非》、丰子恺的《佛无灵》、余秋雨的《庙宇》等文章中，参禅、“悟禅”。

让我们一起，品读这些名师佳作，领略大师们的禅心佛语。在人生的道路上，勇往直前，在内心深处，留一片清静之地。

目　　录

人生的本质是什么？是什么原因产生了人本身，并使他成为现有的模样？佛教的“五蕴”教义说，人生的本质是不自由，是苦；因为人受诸物质和精神条件的制约，生灭无常，没有属于自身存在的独自性和永恒性。

禅　语

否定是站在语言的高头，活用是站在语言的中间；层次不同，说不到矛盾。明白了这个道理，才知道如何活用语言。

看到我国的古代、近代、现代的资料在国际上日益成为研究热门，而我们自己视而不见，充耳不闻，我总觉得不愉快。当然我不是不想要外国人研究，而是觉得我们应当有资格、有权利也参加一份。

粉骨碎身，唯心莫动。收拾自心如一尊木雕圣像坐在堂中，终日无人亦如此，幡盖簇拥、香花供养亦如此，赞叹亦如此，毁谤亦如此。修行人常常心上无事，时时刻刻体究自己本命元辰端的处。（盘山禅师）

参　禅

静坐，习字，饮甘泉水。
无梦，无挂，无虑，心清，意净，体轻。
饮食，生理上之习惯而已！静坐时，耳根灵明，大地间无不是众生嗷嗷不息之声。

我们为自己养生计，或者不得不杀生，但是大慈悲性种子也不可不保存，所以无用的杀生与快意的杀生，都应该避免的。

“闻佛柔软音，深远甚微妙。”多奇异的力量！多奥妙的启示！包容一切冲突性的现象，扩大刹那间的视域，这单纯的音响，于我是一种智灵的洗净。

识　禅

佛　理

今生是什么，来自前生的业；今生的业，决定来生是什么。如此，今生的业，报在来生；来生的业，报在来生的来生；以至无穷。这一连串的因果报应，就是“生死轮回”。它是一切有情物的痛苦的主要来源。

——冯友兰《中国佛学的建立》

关于释迦牟尼

季羡林

> 释迦牟尼是一个性格比较复杂，有不少矛盾的人物。但他之所以成功，佛教之所以成为一个世界宗教，一方面说明它满足了一部分人民的宗教需要，同时同他这个教主有一套手段，也是分不开的。

释迦牟尼的名字

释迦牟尼是佛教的创始人。他的名字梵文是 śākyamuni，意思是“释迦族的圣人”。“释迦”是部落的名字，可见这不是他的真名。另外还有一个名字叫“乔达磨”或“瞿昙”，梵文 Gautama，巴利文 Gotama。有人说这是他的氏族名称。连一些百科全书，比如《大英百科全书》也这样说。但这是不对的。氏族一般都是外婚制，释迦牟尼的姨母名叫 Gautam ī 瞿昙弥，可见他们不是外婚。此外，瞿昙还是一个婆罗门氏族名称，而释迦牟尼属于刹帝利种姓。瞿昙这个名字是按照当时印度贵族的一般习惯从古代《梨俱吠陀》赞歌的作者仙人家族中借用来的。Gautama 就是 Vāmadeva。释迦牟尼的真名是“悉达多”，梵文 Siddhārtha，巴利文 Siddhattha，意译“吉财”或“一切义成”，梵文 Sarvārhasiddha。

释迦牟尼的家族

他属于释迦族。当时在印度北部有十六个大国。基本上都是君主制度。此外还有四个独立的或半独立的共和国，释迦就是其中之一。玄奘在《大唐西域记》中用首都的名字称之为劫比罗伐窣堵国（旧译迦毗罗卫国），梵文 Kapilavastu。这是一个小共和国，只能说是半独立的，承认憍萨罗为宗主国，辖地跨今天印度和尼泊尔。释迦牟尼的诞生地就在今天尼泊尔泰来地区的梯罗拉柯提（TilauraKot）废墟，距印度北方邦巴斯提县的比普罗瓦（Piprahwa）西北约十英里。这可能是历史事实。因为在释迦牟尼涅槃后二百多年即位的孔雀王朝的大王阿育王曾在这里立过一个石柱，说明此处是释迦诞生地。《大唐西域记》卷六说：

城东南窣堵波，有彼如来遗身舍利，前建石柱，高三十余尺，上刻狮子之像，傍记寂灭之事，无忧王建焉……次北有窣堵波，有彼如来遗身舍利，前建石柱，高二十余尺，上刻狮子之像，傍记寂灭之事，无忧王之所建也。

次东窣堵波，无忧王所建，二龙浴太子处也。

这个石柱今天保留下来。考古学者还在这里挖掘出释迦牟尼的舍利坛。曾有一个时期西欧一些学者认为根本没有释迦牟尼其人。这是不对的。

他的家属自称是印度古代甘蔗王族的后裔，同《罗摩衍那》主人公罗摩同出一系。这恐怕是伪托。有人甚至怀疑，释迦族不是雅利安人，而是蒙古种，也没有什么具体的证据。

释迦牟尼出生的时间

释迦牟尼活了八十年，这没有异议。争论不休的是他灭度（逝世）的年代。只要把这一点弄清楚，他的生年问题也就迎刃而解。佛灭年代，异说甚多，据说约有六十种。只在中国的西藏地方，就有十四种之多①。其中比较通行的、有代表性的有以下几种：一、南传佛教各国主

① 参阅吕澂：《印度佛学源流略讲》，任继愈：《汉唐佛教思想论集》。关于这个问题，德国著名梵文学者 H. Bechert 在他的新著《重新探讨佛陀生卒年代刍议》（Contribution to the Discussion on "The Date of the Buddha Reconsidered" 1980 年 10 月瑞典王家人文科学院印度研究讨论会上的发言，作者寄来了打字原稿）中又重新作了分析研究。

张佛灭度于公元前544年或543年；二、我国蒙藏黄教主张佛灭度于公元前961年；三、我国内地有公元前1027年说；据“众圣点记”，则为公元前485年，较中国的孔子早死六年。四、在西方学者中，德国威廉·盖格主张公元前483年说，荷兰学者亨利·刻恩主张公元前370年说，日本学者有公元前386年说和384年说。加拿大学者瓦德主张公元前486年说①。采纳得比较多的是公元前483年说。

释迦牟尼的生平

关于释迦牟尼的生平，我们并没有可靠的历史资料。现在只能根据梵文、巴利文以及汉文、藏文的佛经的记载加以叙述。其中有不少神话，也有不少传说，当然也有不少的历史事实。基本轮廓看来是可靠的，个别细节则很难说。

释迦牟尼的少年时代

释迦牟尼出生在王家，父亲名叫净饭王。这有点夸大。他父亲可能只是贵族寡头中的一个头子，美化称之为王。母亲是摩耶夫人。降生的时间传说是中国旧历的四月八日。降生后七天，母亲逝世。他的姨母大爱 Mahāprajāpati，亦称瞿昙弥，把他扶养成人。她爱他如子，他敬她如母。这个姨母后来成为佛教僧伽中的第一个尼姑。他生长在深宫之中，享用极端奢侈。父亲给他修建了三座宫殿：春季、夏季、雨季各有一宫。他受到了当时刹帝利青年所受的全部教育，包括各种学艺，军事、体育也包括在内。成年后，娶了妃子，名叫耶输陀罗。“贤妃美容貌，窈窕淑女姿，瑰艳若天后，同处日夜欢”（引文见汉译本《佛所行赞》，下同）。他们生了一个儿子，名叫罗睺罗。这一定是历史事实，因为佛教和尚是不许结婚的，可是佛祖竟结婚生子，给后来的佛徒带来一个尴

① A. K. Warder, *Indian Buddhism*. (《印度佛教》), Delhi, 1970, p. 44～45.

尬局面。若非历史事实，佛徒是决不会这样写的。为了这件事，和尚编造了不少的神话故事，以图摆脱窘境。我只举一个例子。《根本说一切有部毗奈耶破僧事）卷四说：“尔时菩萨在于宫内嬉戏之处，私自念言：‘我今有三夫人及六万婇女。若不与其为俗乐者，恐诸外人云我不是丈夫。’”①

出家的经过

据传说，释迦牟尼二十九岁出家。他生下时，就有仙人预言：他如果不出家，就会成为转轮圣王。因此，他父亲早就担心他会出家。于是就用尽心思，让他享尽人间的荣华富贵，目的是引诱他放弃出家的念头。佛经讲，有一天太子要出游散心，国王派人平整道路，驱逐闲人，不让太子看到老人、病人、穷人等。然而净居天却变成一个老人，太子看了心烦，叹息不已，转回宫去。第二次出游，又看到一个天神化成的病人。第三次出游，看到一个天神化成的死人。第四次出游，看到一个天神化成的比丘。太子于是决心出家。这个故事显然是虚构的。总之，出家的真正原因我们还不清楚。当时社会上，有一派用不同形式出家寻求解脱的沙门，这是婆罗门的对立面。释迦牟尼出家原因之一，可能是受到沙门思潮的影响，但一定还有更深刻的内在的原因。

苦　行

释迦牟尼出家以后，原意是想走苦行这一条路。苦行在印度古已有之，而且是在各个时代都很流行。他先去找沙门阿罗蓝迦蓝和郁陀仙，又去找五比丘，苦行了六年，结果身体羸弱，毫无所得，涅槃解脱，遥遥无期。他自己思忖：“如是等妙法，悉由饮食生。”（《佛所行赞》）不吃饭，妙法是寻求不到的。他下决心重新进食，接受了一个牧羊女奉献

① 《大正大藏经》卷二四，第115页上。

的香乳糜。“食已诸根悦，堪受于菩提。”（《佛所行赞》）五比丘看到这情况，认为他叛变了，相约不理他。他又继续游行，到处寻求解脱之道。

释迦苦修是印度佛教艺术中常见的题材，表现释迦修行时历尽苦难而意志坚定。此像释迦结跏趺坐，袒上身，手结禅定印，面容瘦削，额有皱纹。但释迦面带微笑，似对修行的苦痛并不在意。

成 佛

释迦牟尼最后来到菩提伽耶这个地方，坐在菩提树下，发出誓言：如不成佛，决不站起。他坐在树下究竟思考了一些什么东西呢？我们很难确说。在释迦牟尼时代，社会上宗教人士中间流行着一种想法：精神可以突然发亮，豁然贯通，悟得至道：除了佛教外，耆那教也有这种信仰。也许就在这种信念支配下，他坐在那里思维。他先对一切众生起大悲心，得到天眼净，看到众生生死轮回，善人转生人神，恶人堕入地狱。他最后想到生死根源，就是后来传下来的十二因缘：无明（愚痴，不知）、行（形成力，形成）、识（认识）、名色（名称与物质形体）、六入（感官与感官对象）、触（感官与感官对象的接触）、受（感受）、爱（渴望）、取（爱执、执著于存在）、有（存在，无和空的对立面）、生（生）、老死（老死）。这十二因缘，有因果关系。但这关系很复杂，很微妙，解释也有分歧。根据《佛所行赞》，释迦牟尼是从下面老死想起的：“决定知老死，必由生所致……又观生何因，见从诸有业……有业从取生，犹如火得薪，取以爱为目……”如此一环扣一环，最后根源是“无明”（“痴灭则行灭”）。一切皆从“无明”起。什么叫做“无明”呢？对于这个关键的字眼，解释很分歧。有人说无明就是不知道事物实际上并不像人们想象的那样存在。这有点大乘的味道，但可备一说。有的经又说，“无明”就是不知道苦、集、灭、道四谛。无论如何，“不知道”的对立面，就是“知道”。知道了，就是“大觉”，就是

“佛”。这十二因缘着重讲因果关系，是后来佛教根本学说之一，但是佛在菩提树下还不能想得这样有系统。可能只是一个大体的轮廓。

说　法

释迦牟尼证得大道，成了佛。经过一番犹疑考虑，他决心说法转法轮。他来到迦尸城（今贝拿勒斯）。他首先想到向他出家后见到的两个比丘说法。但他们已经死去。他又去找那五个苦行者，他们正在迦尸附近的鹿野苑。他们相约对他表示冷淡，最后还是洗耳恭听。说法的内容是什么呢？根据佛经传说，大概是这样的：如来佛首先讲了中道，避免两个极端，又讲了八正道和四圣谛。如来可能讲了这样的一些想法，恐怕还比较粗糙。这样系统化是以后的事情。有的学者认为第一次说法不是历史事实，但缺乏可靠的证据。

招收弟子

第一次说法以后，以憍陈如为首的五人成了佛的弟子。接着是迦尸城富家子耶舍入教。他又带了五十四人入教，此时已有比丘六十人。跟着苦行仙人迦叶兄弟三个入教，三人原都是婆罗门。三迦叶有弟子五百人，都受了正法。五百这个数目不可靠，这样整齐的数目是后来捏造出来的。在王舍城竹林，又收舍利弗、大目犍连为弟子。后来成了如来佛的大弟子，二人也都是婆罗门。总之是弟子越收越多。僧伽形成了。而且诸大弟子各有所长，比如舍利弗智慧第一，大目犍连神通第一，优波离持律第一，罗睺罗持戒第一，大迦叶弟子头陀第一名，但据估算，终释迦牟尼之世，弟子也不过五百人。

从社会地位来看，他确实收了一些低级种姓的人，比如大弟子优波离就出身剃头匠，弟子中还有淫女、强盗、杀人犯、商人、猎人，但出身婆罗门的更多。释迦牟尼禁止奴隶入教。在佛典的律藏中，有很多关于这方面的规定。比如《根本说一切有部毗奈耶出家事》卷三说：“从今已往，汝等苾刍不应与奴出家。若有求者，当可问之：‘汝是奴不?’若与奴出家，得越法罪。”①

释迦牟尼与国王结交

在招收弟子的同时，他到王舍城见到瓶沙王，佛故意问弟子迦叶为什么不再事火而出家为僧。迦叶说：“事火修咒术，离解脱受生，受生为苦本，故舍更求安。我本谓苦行，祠祀设大会，为最第一胜，而更违正道。是故今舍弃，更求胜寂灭，离生老病死，无尽清凉处。”（《佛所行赞》）“寂灭”就是涅槃。事火无法求得涅槃，所以他舍弃了事火。瓶沙王一听，成为佛友、护法大王。

瓶沙王之子阿闻世（未生怨王）弑父自立，这是一件惊人的事情。佛教虽然是一个出世的宗教，中国有人骂它是“无父无君”，实际情况却不是这样。它也非常关心社会上的伦常道德，对于孝顺父母更是特别强调，它把“杀父母、杀阿罗汉、破僧、恶心出佛身血”看做是罪大恶极。这种意见屡屡见于佛教律中，无须具引。但是释迦牟尼对于阿阇世弑父自立这一件事却“宽大处理”。阿阇世后来后悔了，向佛坦白自己的罪行，佛竟加以安慰。佛经多次讲到这一件事，我只举两个例子。其一：“佛重告使言：‘语阿阇世王：杀父恶逆之罪，用向如来改悔故，在地狱中，当受世间五百日罪，便当得脱’。”② 其二：“佛告诸比丘言：‘此阿阇世王，过罪损减，已拔重咎。若阿阇世王不杀父者，即当于此坐上得法眼净。’”③ 从这一件事中可以看出，释迦牟尼争取国王，用心良苦。此外，他同迦尸国王波斯匿、拔蹉国王优填、王都人民之主恶生、南海之主优陀廷等国王都有交谊。

---

① 《大正大藏经》，卷二三，第1033页中。

② 《菩萨本行经》卷中，见《大正大藏绎》卷三，第116页下。

③ 《长阿含经》卷一七，见《大正大藏经》，卷一，第109页中。

联络商人

释迦牟尼同商人似乎有特殊的关系与联系。他成佛后不久就接受两个商人奉献的食品。见了瓶沙王以后，又认识了大长者（大商人）给孤独。给孤独在憍萨罗王都舍卫国布金满园买下了祇林精舍，赠给释迦牟尼。他成了佛教的居士。当时在摩揭陀国，在憍萨罗国，商人都是腰缠万贯，在社会上占有很重要的地位。摩揭陀王室也参与贸易活动，大概双方互相利用，共同发展，因而才结成了密切关系。如来佛在几十年传教活动中，到过许多国家，走的路也都是当时主要的商道。在涅槃前游行时也走的是商道。同商人的接触一定会是很多的。居士中间阔人富人占多数。

在弗哩逝（Vrji）首都鞞舍离，释迦牟尼结识了淫女庵摩罗。她很有钱，在社会上很有地位，在朝廷上广通声气。她请佛吃饭，并送给佛一座花园。她服务的对象绝大部分可能也是富商大贾。

涅　槃

释迦牟尼二十九岁出家，三十五岁成佛后，游行传教，长达四十五年。东至瞻波，西到摩偷罗，初步组成了一个僧伽。据佛经记载，僧伽里面后来还接受尼姑。这是违反释迦牟尼的想法的，他瞧不起妇女，认为收妇女做尼姑，会缩短佛教的寿命，只因抚养他的姨母苦苦哀求才不得已而破此例。释迦牟尼允许他姨母出家，但很有感慨地说："若不听女人出家受具足戒，佛之正法往世千岁。今听出家，则减五百年。"①

最后他从王舍城出发，做长途游行，来到了拘尸那揭罗的双树间，在这里逝世（灭度或涅槃）。火化后，许多国王来抢分舍利。

---

① 《五分律》卷二九，见《大正大藏经》，卷二二，第186页上。

教　义

中国的春秋战国时期，各种学说，风起云涌，百家争鸣，莫衷一是。从各方面来看，都可以说是印度历史上一个转折点。当时在思想界有两大对抗的潮流：一是婆罗门，主张吠陀天启，祭祀万能，婆罗门至上。这是保守派。一派是沙门，反对婆罗门那一套，是革新派。释迦牟尼属于沙门系统，属于革新派。恩格斯说，他的学说中有一些辩证法的因素。有人说，他的主要敌人不是婆罗门，而是外道六师，这看法很有见地。他究竟宣传了些什么学说，今天还无法证实，只能根据现存的佛经加以概括的论述。

有人主张，释迦牟尼在涅槃前不久，对自己的学说做了一个撮要，这就是：四念处、四意断、四神足、四禅、五根、五力、七觉意、贤圣八道。所有佛教宗派，包括大乘在内，都无异说。这似乎就是释迦牟尼自己归纳的基本教义。①

这说法有没有根据呢？应该说是有的。《长阿含经》卷二《游行经》说：

> 告诸比丘："汝等当知，我以此法自身作证，成最正觉，谓四念处、四意断、四神足、四禅、五根、五力、七觉意、贤圣八道。汝等宜当于此法中，和同敬顺，勿生讼诤。"②

但是这种根据是靠不住的。这所谓"三十七品"在佛典中已经成为一个刻板的老一套。不管什么地方，一提到佛的教义，就是这一套。例子太多，无法引用。看来这是佛教和尚长期形成的一套说法。释迦牟

---

① A. K. Warder, *Indian Buddhism Delhi*, 1970, p. 830.

② 《大正大藏经》，卷一，第16页下。参阅《增壹阿含经》，卷三，见《大正大藏经》，卷二，第561页中，《十诵律》卷三三，见《大正大藏经》，卷二三，第239页下。

尼在生前不可能对自己的学说做这样系统的阐述，这样的系统化显然是后人做的。

估计如来佛的根本教义，不会出他在成佛时思考过的一些问题之外，后来他在第一次说法时又讲到过，这就是四圣谛和十二因缘。十二因缘已经讲过，四圣谛是指苦、集、灭、道。意思就是说，人世无常，一切皆苦，造成苦的原因就是烦恼及业，必须从烦恼及业中解脱出来，达到涅槃境界。达到涅槃的道路就是所谓八正道。

原始佛教最基本的教义可能就是这些，后来逐渐发展、深化、系统化，越说越玄，越说越烦琐，以至达到“佛学号称难治”的程度。

说法方式

根据晚于释迦牟尼的佛经的记载，他说法很有一些特点，他善于用比喻，而且比喻很多出于农牧。这些记载不一定完全可靠，可能有一部分是出于和尚代代相传的回忆，至少可以反映早期佛教徒的情况，这种例证比比皆是。我现在从汉译佛经中选出几个例子来：

> 犹如耕田薄地之中，下种虽多，收实甚小。① 譬如农夫，宿有二业：一田业高燥肥沃，二田业下湿瘠薄。② 若好田苗，其守田者心不放逸，栏牛不食，设复入田，尽驱令出。③ 过去世时，摩揭提国有牧牛人，不愚不痴者，有方便慧。④ 若复牧牛人成就十一法者，能拥护其牛，终不失时，有所饶益。⑤ 如田家子，善治其地，除去秽恶，以好谷子著良田中，于中获子，无有限量。亦如彼田家子，不修治地，亦不除去秽恶而下

---

① 《大正大藏经》，卷三，第 114 页上。
② 《大正大藏经》，卷四，第 162 页中。
③ 同上书，卷二，第 312 页中。
④ 同上书，卷二，第 342 页上。
⑤ 同上书，卷二，第 794 页上。

谷子，所收盖不足言。①

这些比喻的例子都说明释迦牟尼本人和他早期的信徒是同劳动大众有密切的联系的。他们了解人民的生活，用人民的一些喜闻乐见的、从他们生活中选取来的比喻来阐述比较难懂的佛教教义。佛教发展之所以能这样迅速，影响之所以这样大，与这种说法方式可能有些关系。此外释迦牟尼不承认梵文的神圣性，主张和尚使用自己的方言来宣传教义。

对社会改革的看法

释迦牟尼主张改革，但有很大局限性。他想革新，但又不彻底。比如他反对婆罗门所竭力主张的祭祀，他反对种姓制度。他曾打比喻说：在入海以前，长江大河各有自己的名字，一流入大海，就混同起来，表示佛教僧伽内部没有种姓之别。但不彻底，他好像只想为刹帝利向婆罗门争首席地位。过去六佛没有一个出身吠舍、首陀罗，可以为证。

在他一生中，他都同当时很有力量的商人有密切联系。在一定程度上，他也关心农民，主要是吠舍。他反对杀牲（牛），这有利于农业，而农业又主要是吠舍的职业。婆罗门当农民的在《本生经》中也可以找到。另一方面又结交国王，国王奴隶主反对奴隶逃跑，他就禁止奴隶入教，这可以说是迎合国王。在这里，他提供了一个在他以后的中外佛教徒（别的宗教徒也差不多）都遵循的榜样。《梁高僧传》卷五《道安传》记载高僧道安的话说："不依国主，则法事难立。"② 讲的就是这个道理。他同淫女也打交道，在这些方面表现出不少的世故，表现出圆熟的交际手段。总之，释迦牟尼是一个性格比较复杂，有不少矛盾的人

① 同上书，卷二，第827页上。
② 同上书，卷五〇，第352页中。

物。但他之所以成功，佛教之所以成为一个世界宗教，一方面说明它满足了一部分人民的宗教需要，同时同他这个教主有一套手段，也是分不开的。

一九八一年九月

参考书：

（1）马鸣菩萨造、北凉昙无谶译《佛所行赞》。

（2）Hermannoldenberg，*Buddha*，1923，StuttgartundBerlin.

（3）Etienne Lamotte，*Histoiredu Bouddhisme Inden*，Louvain – la – Neuve，1976.

（4）A. K. Warder，*Indian Buddhism*，Delhi. Varanasi. Patna，1980.

观音崇拜之由来

许地山

> 从文法上讲，观音应当解作以慈悲观察的主，可以见到一切，救度众生，他是世间的主，所以也称为世自在，他并无人性，其受人崇拜之始，约在纪元前一世纪与后一世纪之间。

最受崇拜的菩萨，是观音与弥勒，观音崇拜完全是宗教性的，而弥勒带些政治性，因为他是未来世的弥赛亚，自白莲教至义和团，教友与团友都尊崇弥勒菩萨，现在专讲观音。

观音是梵语“阿缚卢枳多伊湿伐罗”的讹译，“音”（婆娑罗）乃是“自在”（伊舍婆罗）之误。自在在哲学上与信仰上，都指神、王、主而言。凡是求菩提的，无论其是否凡人，都可称为自在。凡菩萨具足菩萨性者，即是菩萨摩诃萨。今日甘地受其同胞的尊敬，故有摩诃萨（大有情）甘地之称。

从文法上讲，观音应当解作以慈悲观察的主，可以见到一切，救度众生，他是世间的主，所以也称为世自在，他并无人性，其受人崇拜之始，约在纪元前一世纪与后一世纪之间。

他也是将死者的神，当病人快死的时候，家人总将观音像捧到他的床前，让他可以安然去世。

净土宗说观音是阿弥陀的儿子，阿弥陀是日神，住在西方日落处，观音与阿弥陀之日性，见于《阿弥陀经》。从《妙法莲花经》的“普门品”里，我们可以看到他的大慈大悲，虔诚的人，天天念“普门品”（《观音经》）。在鸠摩罗什的《莲花经》里，观音有三十三个化身，就各人等级高低而随时现有不同身的说法。

观音崇拜源于印度教的神妃派（Snktism）。梵、毘纽、湿缚是印度教的最胜三尊，湿缚的配偶最受普遍的信仰，她是毁灭与再造之神，隐为弥陀，为无量光，显为观音，为有限光。原来印度当一世纪时，神妃派大盛，每个神都有配偶，现在西洋人进入印度教的庙宇，看见了具有生殖器的神像，以为是非常猥亵的，其实，阴阳性器不过是生命的象征。

观音亦是生命的赐予者；观音送子，东京大学教授高楠顺次郎说："欧洲骑士风气与圣母崇拜，都是受着经小亚细亚而传入的印度思想之影响而产生的。"圣方济各沙勿略（St. Francis Xiavier）将天主教传入日本之后，日本的幕府，有一时期迫害过天主教徒，那时圣母崇拜者，假称玛利亚为子安观音（即送子观音）。

中国的观音崇拜大约始于四世纪时，法显（399—414）留学印度时，只见一处大乘教徒，崇拜观音，而玄奘（629—645）至印度时，看见许多的观音像供奉着，大概朝拜佛迹圣地回来的人，不无助进观音崇拜的贡献。

补陀落迦即是观音所住的圣地，在印度河口的赦罪（Papanasam）岛上，每年不少善男信女，南来沐浴，希望圣地的泉水，能够洗去他们的罪孽（浙江定海县的普渡山，梵名亦为补陀落迦）。

在中国，不少关于观音有兴味的故事。南北朝时，年年刀兵，人民处于水深火热之中，惟有念《观音经》，以求大悲之解救。同时，产生了不少关于神迹的故事；而观音像的形式，也并不一致。我们知道，观音的原始，是个阴性的神。不过无论说其是男神或是女神，总是一个观音；一个观音有多数不同的化身。且说唐太宗为了姓李的缘故，把老子当作祖先而重道教。僧法琳不以为然，他说皇室原属鲜卑，本没有汉姓。皇帝怒，定其死罪；限其用七天工夫，在牢监里呼求观音之名，且看他所信仰的菩萨来救他不救。第七日，他求见皇帝。皇帝问他是否天天求告菩萨，他说："这七天内，我一心只呼求陛下。因为陛下实在是观音的化身，所以人民在这强盛而公平的大国里必不致无辜受死。”于是皇帝发动慈心，免其死，将他放逐到岭南去。佛教徒当这件事为神迹。喇嘛教徒公认西藏的达赖喇嘛，为观音的化身。

中国与日本佛教艺术所表现的观音，可以列举出七种来：

（一）圣观音（大慈观音）。原始的最佛教化的观音，左手拿着莲花，右手放在胸部，是代表佛教的纯净和特殊性。

（二）马头观音（师子无畏观音）。他有马的头，一对伸出口外的长牙，和八只臂，其中的两只，握着 Vaira 和莲花，他代表佛教进步与非常的能力。

（三）十一面观音（大光普照观音）。有十一个面孔。前面的三个是慈善的，左面的三个是忿怒的，右面的三个是训诲的，一个向上，是心平气和、泰然自若的态度。又有四只手，一只拿着念珠，一只拿着莲花，一只拿着水瓶，另一只手手掌向外举着。他显示对人类的关切，四面八方普照着。

（四）如意轮观音（大梵深远观音）。普通都是二只手臂的，少数也有六个手臂的。是在深思的样子，头有些向右转，右手支腮，左手扶膝。如果有六只手，则其余四只拿着希望石、轮子、念珠与莲花。他满足人类的需求。

（五）准提观音（天人丈夫观音）。一个三眼十八臂的女性，代表光明与智慧。

（六）千手观音（大悲观音）。面上有三只眼睛，身上四十或三十八只手臂，每个手心上有眼睛一只。他拿着刀、剑、斧等物，是最受尊崇的菩萨之一。

（七）不空羂索观音（与不空钩观音同体）。三面，八臂，手里拿着绳子。

在中国最受普遍崇拜的是圣观音、白衣观音、柳枝水瓶观音。在印度，水瓶与柳枝是家家必用的东西。每天早晨，印度人折柳枝来刷牙，刷完就丢弃。牙刷印度人不喜欢用，厌它不洁。至于观音的柳枝，是奇妙不过的，是普济众生的象征。

此外，还有鱼篮观音，送子观音，与青颈观音。关于鱼篮观音，有这样的一个传说：海龙王的女儿，化了一条鱼在水中游玩，不留神，被渔翁捉获。观音见了，发动慈心，从座而降，将她买过来放生。从此这龙王的女儿，因感激观音的恩典而精修。

送子观音，在日本叫做子安观音。是生命的赐予者，妇女最崇拜她，有将她供奉在卧室里的。

青颈观音的来历，也有一种说法。有个乳海，充满了生命的奶。恶魔起恶意，想倒一碗极猛烈的毒药下去。观音为欲解救这苦难，亲自将毒饮尽。毒发，头颈就变蓝了。

佛陀时代及原始佛教教理纲要[①]

梁启超

> 佛所说轮回，并非如现在和尚们或妇人女子们所揣想，各人有一个灵魂，死后“灵魂出壳”跑到别个地方去变人变猪变狗，像炮弹子从炮膛打出去打到别处。这种话是外道的“神我说”，与佛说最不能相容。

佛生灭年

释迦牟尼佛到底什么时候的人呢？因为印度人看轻历史，而且时间观念，尤极麻糊，所以五印典籍中对于佛生灭年竟没有明确的记载。后来各地传闹到五六十种之多，最早的和最晚的比较相去至五六百年。直到最近，欧洲人用希腊史料考证亚历山大大王与印度之笈多大王会盟年代，循此上推，又参以新发见之阿育王的石刻华表，又参以锡兰岛的年代记，才考出释迦是在西纪前四百八十三年入灭。几成为学界定说，但中国大籍[②]中原有一条孤证即所谓“众圣点记”者，足与近说相发明，可惜向来佛教徒不注意且不肯相信。梁僧祐《出三藏集记》卷十一《善见律毗婆沙记》条下记《善见律》卷末有一行跋语云：“仰惟世尊泥洹以来年载，至七月十五日受岁竟，于众前谨下一点，年年如此。感慕心悲，不觉流泪。”[③] 隋费长房《历代三宝记》卷十一详载此事本末，大概如下：佛涅槃后，佛弟子优波离即时结集律藏，编成这部《善见

① （原题《印度之佛教》）

② “大籍”，似应为“文籍”或“史籍”，然无版本根据。陈引驰整理本（辽宁出版社1998年3月第一版）径改为“文籍”，不知何据，且存疑。

③ 此引文出《出三藏集记》卷十一《善见律毗婆沙记》条下第十五《出律前记》。

律》，以其年七月十五日“夏安居”终了时，将这律用香花供养，随在律的末简点一点，年年如此。优波离临死，将这律传与弟子陀写俱[①]再传到须俱。如是师师相传，都系以那日点一点。到六朝时，那原本传到僧伽跋陀罗手。僧伽跋陀罗带到中国，以齐永明七年在广州竹林寺译成汉文，即以其年七月十五日下最后一点，共约九百七十五点。循此上推，知佛入灭在周敬王三十五年，鲁哀公七年，即西历纪元前四百八十五年，比孔子早死七年。这段众圣点记故事，虽祐、房两书记得很确凿，但中国唐宋后佛教徒，总喜欢把佛的年代提前，来压倒道教的老子，所以《释迦谱》、《佛祖通载》一类书，对于此说都肆行攻驳。现在欧人所考，若合符契，于是此说价值乃骤增。我们根据彼我两方最宝贵的资料，可以断定释迦牟尼是距今未满二千五百年前我国春秋末年和孔子同时的一位圣人。

佛之种姓产地及其略历

印度把人类分为四阶级：一婆罗门，二刹帝利，三吠舍，四首陀罗。我国译为四种姓。释迦属第二级之刹帝利种姓。他的产地是迦比罗城。西藏印度交界有座大雪山，那城即紧靠山麓。他便是城主净饭王的太子，俗名悉达多。他出世不到一个月便死了母亲，靠姨母抚育长成。十九岁便出家学道。相传未出家前，尝游四城，碰着生、老、病、死四种人，他发生无限感慨和非常烦懑，刻意对于人生问题求根本的解决。于是抛弃他的王位和一切世间娱乐，不管家人如何劝阻，毅然出家去。出家后到处求师访道，曾请教过当时有名的两位大师阿逻罗迦蓝和郁陀伽罗摩子。但讨论的结果，不能令他满足。于是跑到深林里苦行六年，每日仅食很少很少的东西维系着生命，到底无所得。最后他觉得路走得不对，卒抛弃这种无谓的苦行，很舒泰的观察宇宙实相，到底被他发明

---

① 原误作“陀写佚”，今改正。

这千古不磨的佛法。他确然自信已具“一切智”、能度一切苦厄，不愿独善其身便了，更起而普度众生。于是巡行说法四十九年，从最初度憍陈如等五比丘起，到最后度百岁老妪须跋止，直接受业弟子数千，受感化在家修行者不计其数。他周游所及约及印度全境之三分一，屡游及常住的为摩竭陀国之王舍城、吠舍离城、拘萨罗国之舍卫城等处。七八十岁时，在拘尸城外婆罗双树下作最后之说法，遂入涅槃。

佛出世时婆罗门旧教之形势

印度文化发源于“四吠陀 Veda”。“四吠陀”次第成立，其最大者盖起自佛前二千年，次则优波尼煞昙 Vpanisad 或译为《奥义书》，亦起于佛前五六百年（《奥义书》即第四吠陀。前三吠陀偏重宗教仪式，此多言哲理。曾极口赞叹，谓为人类最高智慧之产物。《奥义书》亦次第成立，最早之部分，盖起于佛前数百年，然佛时代及佛灭后似尚增补不少）。这都是婆罗门种姓所创造的文化，直至现代，所谓婆罗门教或印度教者，仍是在这一条线上，衍袭出来。即佛教也未尝不凭藉他做基础。虽然，当佛出生前后，实印度思想极混杂而革新机运将到之时。我们从佛典中断片的资料比较考证，可以看出当时有吠陀派与反吠陀运动之两大潮流。吠陀派中复可分为下列三条：

（一）婆罗门传统思想。他们有三句话：“吠陀是天书”，“婆罗门种姓是人类中最尊贵的”，“祭礼是万能的”。这种思想，本是一千多年传袭下来，到佛生时当然还保持着它的惰力。但是这种顽固专制主义，终不能永束缚方新之人心。况且那时的婆罗门骄奢淫泆，恰如欧洲宗教革命前之罗马旧教徒，其不能维持社会之信仰明矣。

（二）民间迷信对象之蜕变。吠陀纯属多神教，祭典极繁重，到那时人民渐厌倦那严格的仪式，往往在诸神之中择一神为信仰中心。那时最时髦的神有三个：一、梵天；二、毗纽拏天；三、湿婆天。信仰对象，渐有由多神趋于一神之势。

（三）《奥义书》之哲学的研究。《奥义书》虽为四吠陀之一，但其中关于哲学理论方面的话极多。所谓“梵即我，我即梵”之最高理想，以视前三吠陀，实际上已夺胎换骨。与佛教先后并起之数论 Samkhya、瑜伽 Yoga 两派哲学，虽仍宗吠陀，精神实已大生变化。

吠陀派本身形势即已如此，此外不满于吠陀教义的人，当然是益趋极端了。还有一点应该注意。当佛生前一二百年间，印度始终以恒河上游俱虑地方为文化中心。俱虑文化，纯然为婆罗门所造成。到佛生时，东部南部新创立四个王国，就中摩竭陀、拘萨罗两国尤强（后二百年统一全印的阿育王即摩竭陀王）。这两国都是最奖励自由思想的国家，无论何派学者都加保护敬礼。所以“反吠陀派运动”都以这两国京城——舍卫及王舍城为大本营。自此印度文化中心也随政治中心而转移到东南了。自“反吠陀运动”发生以来，印度思想界极灿烂而亦极混杂。佛教即此参加此运动中之一派，而最能应时势以指导民众者也。

当时思想界之革新及其混乱

佛时代之印度思想界，恰如战国时代之中国思想界。写战国思想界最有趣味之著作，莫如《庄子·天下篇》、《荀子·非十二子篇》。在佛典中求此类性质之作品，则《长阿含》里头的《梵动经》和《沙门果经》便是。据《梵动经》所说，当时外道有六十二见（六十二种见解）。就这六十二家归纳起来，可分为八大类：第一类，常见论，主张世界及自我皆常存。第二类，半常半无常论，主张一切现象都一部分常存一部分变灭。第三类，有边无边论，专讨论世界有限无限之问题。第四类，诡辩论，即不死矫乱论，对于一切问题都不下决定的解答，专为不可捉摸之说，故亦号捕鳗论。以上四类皆就现世立论，故谓之“本劫本见”。分属此四类者凡十八家。第五类，无因论，主张一切现象皆偶然发生，无因果关系。第六类，死后有想无想论，专讨论死后意识是否存在及作何状态等种种问题。第七类，断见论，主张死后灭断。第八类，现法涅槃论，主张现在为最高理想境界。以上四类，皆就未来立论，故谓之“末劫末见”。分属此四类者凡四十四家。现此，则当时思想界之庞杂，略可概见。

诸家之中当时最有名的六大师，其学说梗概略见于《沙门果经》。

第一，富兰那迦叶。他是论理的怀疑论者。以为善恶没有一定标准，不过因社会习惯而得名。社会所谓善恶，未必便是真善恶，故为善为恶不应有业报。

第二，末伽梨拘舍罗。他主张极端的定命论。谓吾人之行为及运命皆为自然法则所支配，非人力所得如何。吾人欲求解脱，只有听其自然，到你的宿命注定你该解脱的时候，自然会解脱。提倡一种恬淡无为之教，和我们的老庄哲学颇相类。佛家叫他做“邪命外道”。

第三，阿夷多翅舍钦婆罗。他是极端的唯物论者。谓人生由“四大”——地、水、火、风的物质合成，物质外更无生命，死后一切断灭。故人生之目的，只求现在的享乐，一切严肃的伦理道德论皆当排斥。绝似我们的杨朱派哲学。佛家叫他做“顺世外道”。

第四，浮陀迦旃延。他是极端的“常见”。与顺世外道之极端的“断见”正相反对。他主张物心二元不灭论。他说人生由七种要素——地、水、火、风、苦、乐、生命——合成，生死不过七要素之集散离合现象，七要素的本身并不因此而有生灭。例如人被刀杀死，依他说，不过那刀把一时集合的地、水、火、风拆散，于生命存亡无关。他用这种理论来鼓励人不必怕死。

第五，散惹耶毗罗梨子。他是诡辩派。他是“不死矫乱论者”。他的持论如何我不甚了了，但知道佛的大弟子舍利弗、目健连两人，当未从佛以前，是散惹耶门下大将。因此可想见他学说在哲学上总该有相当价值了。比方先秦诸子，当是惠施、公孙龙一流。

第六，尼乾子若提子。他是有名的“耆那”教开山之祖。在印度思想史上的所占地位，几与释迦牟尼同一重要。当时佛教徒和耆那教徒接触最频繁，佛经中记两家辩论的话最多。他的教理是标立生命、非生命的二元为基础，用种种严整的范畴来说明他。实践方面，他主张极端的苦行，很像中国的墨家哲学“以自苦为极”。

以上六大师，其名屡见佛典中，都是当时最有名的哲人。与释迦牟尼同为对于吠陀旧教之革命者，同在摩竭提、拘萨罗等新兴国召集徒侣宣传教义，同受那些国王们的敬礼。内中最盛行的为佛教与耆那教，恰如儒、墨两家在战国时称为“显学”。次则邪命外道，恰似老庄派的地位。更次则顺世外道，恰如杨朱。其余三家似不甚振。

既了解当时思想界形势之大概，从此可以讲到佛教之特色及其价值了。

以中庸实践为教的佛教

若以各派外道比先秦百家言，则释迦恰是那时印度的孔子。他在群言淆乱之中，折衷长短，以中庸为教。就修养方法论，一面有顺世派之极端快乐主义，一面有耆那派之极端苦行主义。释迦两皆不取，以“不苦不乐”为精神修养之鹄。就灵魂问题论，一面有极端常住论者，一面有极端断灭论者。释迦两皆不取，提出“因缘和合①”之流动生命观。就因果问题论，一面有极端的宿命论，一面有极端的无因论，释迦两皆不取，以“自业自得”明道德的责任。诸如此类，对于一切问题皆然。故佛家常自称为中道教 Majjhao，和孔子所说“执其两端用其中于民”同一精神。

一般人多以佛教为谈玄家，在后此各派佛学诚有此倾向，原始佛教却不然。释迦是一位最注重实践的人。当时哲学界最时髦的问题如“世界有始无始”，“有边无边”，“身体与生命是一是二”，“如来死或不死”等等，有人拿这些问题问佛或佛弟子，大抵皆答以“无记”（无记是佛教术语，中性的意思，或不下断定的意思）。为什么无记呢？佛以

① 原误作“今”，今改正。

为不必研究，研究徒耽搁实践工夫，于人生无益。《中阿含》卷六十有《箭喻经》一篇，说得最痛快。当时有位鬘童子拿这些问题问佛，佛答道："譬如有人身中毒箭，命在呼吸，做医生的当然该火急把箭拔出敷上药来救他。倘使那医生说：'且慢拔箭！我先要研究病人姓甚名谁，身材面色长短粗细黑白，刹帝利种抑吠舍种、首陀种。且慢拔箭！我要先研究这弓是桑做的抑或柘做的、槻做的、角做的，弓弦是牛筋还是鹿筋还是丝。且慢拔箭！我要先研究箭羽是什么毛，箭镞是什么金属。且慢拔箭！我要先研究造箭的人姓甚名谁，那箭来自何处。'如此，不等到你研究清楚，那病人早已死了。"这段譬喻，真算得千古妙文快文。因此可见，释迦说法并不是谈空说有闹着顽。他是一位最忠实的临床医生，专讲究对症下药。凡一切玄妙理论，"非梵行本，不趣智，不趣觉，不趣涅槃者，一向不说。"（《箭喻经》原文）就这一点论，和孔子说的"未能事人焉能事鬼，未知生焉知死"，正同一态度。

理论与实际之调合

然则释迦绝对的排斥理论吗？不不！当时正是《奥义书》研究极盛的时候，诸家学说，都以哲学的思辨为后盾。释迦若仅如基督之宣传直觉的福音，或仅如孔子之提示极简要的实践伦理，决不足以光大其学。况释迦之为教，与一般所谓宗教不同。一般宗教，大率建设于迷信的基础之上。佛教不然。要"解信"，"要悟信"（因解得信，因悟得信）。释迦唯一目的在替众生治病。但决不是靠神符圣水来治，决不是靠汤头歌诀来治。他是以实际的医学为基础，生理解剖，病理等等。一切都经过科学的严密考察、分析、批评，然后确定治病方针。不惟如此，他要把这种学识传给病人，令他们会病前预防、病中对治、病后疗养，把自己本身力量培养发展用来铲除自己病根。就这一点论，释迦很有点像康德，一面提倡实践哲学，一面提倡批判哲学。所以也可以名佛教为"哲学的宗教"。

假使我们认佛教是一派哲学，那么这派哲学所研究的对象是甚么呢？佛未尝不说宇宙，但以为不能离人生而考察宇宙。换句话说，佛教的宇宙论，完全以人生问题为中心。所以佛的徽号亦名“世间解”Lohavidu。再详细点说，佛教并不是先假定一种由梵天或上帝所命令的，形而上的原理拿来作推论基本。他是承认宇宙间一切事实，从事实里面用分析综合工夫观察其本来之相。——即人生成立活动的真相。然后根据这真相，以求得人生目的之所归向。所以佛教哲学的出发点，非玄学的而科学的，非演绎的而归纳的。他所研究的问题，与其说是注重本体，毋宁说是注重现象；与其说是注重存在，毋宁说是注重生灭过程。他所以和婆罗门旧教及一切外道不同者在此。

佛经最喜欢用“如实”两个字，又说“如实知见”，“诸法实相”等等。“如实”者，即“恰如其实际”之谓。对于一切现象，用极忠实的客观考察法以求得其真相，不容以自己所愿望所憎嫌者而加减于其间。为什么呢？佛以为用“情执”来支配认识，便是致“迷”之根本。佛尝述自己之经历，说他未成道以前，在深林中修行，对于夜里的黑暗而生恐怖，他用当时外道通行“视夜如昼，视昼如夜”的方法来对付他，虽然能暂时将恐怖摆脱，但他以为这种诬蔑事实的方法断断不可用，必须在“昼即昼，夜即夜”的真实观念之下，而能摆脱黑暗的恐怖，才算是真无恐怖（见巴利文《中阿含经》卷四。汉译本漏却此条。今据木村泰贤《原始佛教思想论》所译引）。所以宗教上的兴奋剂或麻醉剂，虚构没对证的话令信徒因自欺而得安慰，佛所最不取也。佛教彻头彻尾在令人得“正解”，得“般若”（译言智慧）以超度自己。正解般若最要的条件便是“如实”。凡非“如实知见”，则佛家谓之邪知、邪见。质而言之，佛教是建设在极严密、极忠实的认识论之上，用巧妙的分析法解剖宇宙及人生成立之要素及其活动方式，更进而评判其价值，因以求得最大之自由解放，而达人生最高之目的者也。

从认识论出发的因缘观

宇宙何以能成立？人生何以能存在？佛的答案极简单——只有一个字（词）——“因缘”。因缘这个字（词）怎么解呢？佛典中的解释，不下几百万言，今不必繁征博引。试用现代通行的话解之，大约“关系”这个字和原意相去不远。佛自己解释“因缘”最爱用的几句话是：“有此则有彼，此生则彼生；无此则无彼，此灭则彼灭。”（这几句话《四阿含》里头不下百数十见，今不必注出处）这几句话又怎么解呢？他是表示宇宙一切现象都没有绝对的存在，都是以相对的依存关系而存在。依存关系有两种：一同时的，二异时的。异时的依存关系，即所谓“此生则彼生，此灭则彼灭”。此为因而彼为果。同时的依存关系，即所谓“有此则有彼，无此则无彼”。此为主而彼为从。但是，从某一观点看，固可以说此因彼果、此主彼从；换一个观点看，则果又为他现象之因，因又为他现象之果。主从关系亦然。所以不惟没有绝对的存在，而且没有绝对的因果主从，一切都是相对的。由此言之，所谓宇宙者，从时间的来看，有无数之异时因果关系；从空间的来看，有无数之同时主从关系。像一张大网①，重重牵引，继续不断，互相依赖而存在。佛教所谓“因缘所生法”，就是如此。

再详细点讲，佛所谓“同时依存关系”者，最主要之点是：“主观的能认识之识体”，与客观的所认识之对象相交涉相对待而成世界。佛经里屡说的：“识缘名色，名色缘识。”这两句便是因缘论的根据。今引《杂阿含经》卷十二的一段如下：

> 佛说：譬如有两根束芦（束芦系印度一种植物，中国像没有。）互相依倚才能植立。朋友们，缘名色而有识，缘识而有

① 原误作“纲”，今改正。

名色。此生则彼生，此灭则彼灭，正复如此。朋友们，两根束芦，拿去这根，那根便竖不起来；拿去那根，这根也竖不起来。名色灭则识灭，识灭则名色灭，正复如此。①

我们想了解这段话，不能不先把“名色”两个字解释一下。佛说一切众生之存在，都是由“五蕴”的因缘和合。五蕴者，一色，二受，三想，四行，五识。色蕴谓之“色”，受、想、行、识四蕴谓之“名”。色者指宇宙间一切物质及人身上眼、耳、鼻、舌、身诸器官，名者指心理活动的状态。简单说，色是指物质的和生理的现象，名是指心理的现象。这两项把人生活动之全部，都包含尽了，实为认识之总对象，佛家给他一个总名叫做“名色”。我们何以能认识这些名色呢？那种本能就叫做“识”。主观的要素——识，与客观的要素——名色，相对待相接触，名之曰“因缘”。但最当注意者，主观客观两要素，并非有现成的两件东西如两个球呆呆相碰。依佛所说，主观即构成客观之一条件，客观亦即构成主观之一条件。离主观则客观不能存在，离客观则主观不能存在。故曰：“识缘名色，名色缘识。此生则彼生，此灭则彼灭。”宇宙万有，皆藉此种认识论的结合，而得有存在之相以供我们研究。佛所谓“因缘所生法”者如此。所以极端的唯物论家说万有不过物质集散现象，与极端的观念论家说万有不过人心幻影构成，由佛看来，都非“如实”之相。

所谓“异时依存关系”者，即佛成道前七日在菩提树下所发明之“十二因缘观”——所谓“无明缘行，行缘识，识缘名色，名色缘六入，六入缘触，触缘受，受缘爱，爱缘取，取缘有，有缘生，生缘老死”。人生一期，到老死而终结。老死总是人世最悲哀的事，故印度所有宗教和哲学，都以脱离老死为目的。——佛教是否亦以此为目的，另一问题。

① 两根束芦相倚，绝难竖立：此“两”字应为“三”。《杂阿含经》卷十二云：“譬如三芦立于空地，展转相依，而得竖立。若去其一，二亦不立。若去其二，一亦不立。展转相依，而得竖立。识缘名色亦复如是。展转相依，而得生长。”

但佛以为若想脱离老死，不可不先知老死之来源，于是即以此为观察之出发点。“为什么有老死？有‘生’故有老死。为什么有生？有‘有’故有生。……乃至为什么有识？有‘行’故有识。为什么有行？有‘无明’故有行。”如是像剥蕉一般，层层剥进去，剥到尽头，以“无明”为最初的动因。从无明到老死这十二件，都是以因果连锁的关系，组织成人生之一期。其中最主要之枢纽，则尤在“识”与“名色”。今列举十二件之梵文及其略释，并示其相缘之关系如下：

（1）无明（avidya）无意识的本能活动

↓

（2）行（samskara）意志之活动

↓

（3）识（vijnna）能认识之主观要素

↑↓

（4）名色（nama－rupapa）所认识之客观要素　义已详前

↓

（5）六入（sad－ayatana）感觉的认识机关——眼耳鼻舌身意

↓

（6）触（sparsa）感觉

↓

（7）受（vedana）爱憎的感情

↓

（8）爱（trsna）欲望

↓

（9）取（upadana）执着

↓

（10）有（bhava）世界及各个体之物理的存在

↓

(11) 生(jati) 各个体之生存

↓

(12) 老死(jara－marana) 各个体之老死

↓

佛在菩提树下作如是思维：老死及与老死连带而起的忧悲苦恼，是人类所不能免的。这些都缘何而来？当然因为有这生命。生命从哪里来呢？这问题便是“缘起观”（即因缘观）的出发点。人之所以生，条件很多。依佛说，最主要的条件是“有”。佛家对于有的解释，所谓“三界有”，指器世界及有情世界（器世界指地球乃至恒星系，有情世界指人类及其他生物），必须有此世界，然后生命有所寄托，故列为第三件。“有”从哪里来呢？佛说“有缘取”。取者执着之意。佛以为苟无执着，则三界不过物理的存在，和我们不生关系（例如戏场只管热闹，我不打算看戏，那戏场便不是我的世界）。执着从哪里来呢？佛以为由于有爱——即欲望。欲望即生命活动之发源也。欲望从哪里来呢？由于领受外界现象而发生爱憎的情感，故“爱缘受”。怎么能领受而生情感呢？由于与外界接触而有感觉，故“受缘触”。必有感觉机关才能感觉，故“触缘六入”。感觉机关以何为依存呢？由于五蕴和合，故“六入缘名色”。名色便是生命组织体之全部。“名”指受想行识四蕴，包含一切心理状态，前义已经说过。“识”本是四蕴之一，属于名之一部分，但佛从认识论的立场特提出“识”为能认识之主观要素，其关系略如一家族中有主人，主人本家族之一员，但以主人治家，主人与家便立于对待的地位。佛之别“识”于“名色”，意盖在此。如此“识缘名色，名色缘识”。如前表所示“名色与⇆识”之关系，是为因缘论最主要的关键。再往上追求，我们的识——即认识活动，从何而来？由于有意志，佛谓之“行”。行又从哪里来呢？佛以为是由于无意识的本能活动，叫做“无明”。

以上十二因缘，为佛教一切原理所从出。若详细解释，则七千卷《大藏经》皆其注脚。我现在所说，不过粗举其意而已。要之，佛以为一个人的生命，并非由天所赋予，亦非无因而突然发生，都是由自己的意志力创造出来。现在的生命，乃由过去的“无明”与“行”所构成。当生命存在期间，“识”、“名色”、“六入”、“触”、“受”、“爱”、“取”、“有”，刹那刹那，展转相缘，增长“无明”的业力，又造出未来的生命。于是乎继续有“生”，有“老死”。后此说一切有部详细解释，谓之“三世两重因果”。这些道理，要懂得“业”与“轮回”的意义之后，方能明了。今将三世两重因果说图示如下：

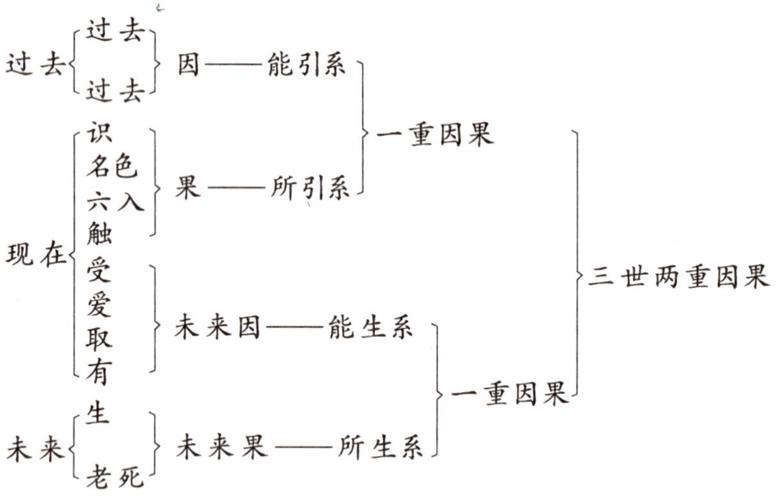

业与轮回

依一般人的常识，所谓生命者，以出生之日起，到死亡之日止，截头截尾，无来无去。从佛家的眼光看，人生若果是如此，那么，我们之出生乃偶然间突如其来，这便是“无因论”；死了之后，什么都没有，这便是“断灭论”。佛以为两种论都不合理，于是用他的智慧观察，发明“业力轮回”之一大原则。

“业”梵名 Karma，音译为“羯磨”。用现在的话来解释，大约是各人凭自己的意志力不断的活动；活动的反应的结果，造成自己的性格；这性格又成为将来活动的根柢，支配自己的运命。从支配运命那一点说，名曰业果或业报。业是永远不灭的，除非“业尽”——意志活动停止。活动若转一个方向，业便也转个方向而存在。业果业报决非以一期的生命之死亡而终了，死亡不过这“色身”——物质所构成的身体循物理的法则由聚而散。生命并不是纯物质的，所以各人所造业，并不因物质的身体之死亡而消灭。死亡之后，业的力会自己驱引自己换一个别的方向别的形式，又形成一个新生命。这种转换状态名曰“轮回”。懂得轮回的道理，便可以证明“业力不灭”的原则。

业的形相究竟怎么样呢？诸君听见过那些收藏宜兴茶壶的人的话吗？茶壶越旧越好，旧茶壶而向来所泡都是好茶则更好。为什么呢？每多泡一次茶，那壶的内容便生一次变化。茶吃完了，茶叶倒去了，洗得干干净净，表面上看来什么也没有，然而茶的“精”渍在壶内。第二次再泡新茶，前次渍下的茶精便起一番作用，能令茶味更好。如此泡过二次三次乃至几百几千次，每次渍一点，每次渍一点，久而久之，便不放茶叶，拿开水冲进去，不到一会，居然有色有味，可以当茶喝。吃鸦片烟的人亦然，他们最讲究用旧枪、旧斗，非此不过瘾，因为旧枪、旧斗渍有无穷的烟精。这种茶精、烟精，用佛家话，便可以说是茶业、烟业。我这个比喻虽然不十分确切——拿无生命的茶、烟比有生命的人当然不能确切——但循此着想，对于业的形相也可仿佛一二了。我们所有一切身心活动，都是一刹那一刹那的飞奔过去，随起随灭，毫不停留。但是每活动一次，他的魂影便永远留在宇宙间不能磨灭，除非所得果报已经和他对冲抵销。这便是业力不灭的公例。一种活动，能惹起别种活动而且能令别种活动生影响起变化，这便是业业相引的公例。每一次活动所留下的魂影，便形成自己性格之一部分，支配自己将来的命运。这便是自业自得的公例。

业又有“自分别业”、“同分共业”之两种。茶壶是死的、呆的、各归各的，这个壶渍下的茶精，不能通到那个壶。人类不然，活的、整个的、相通的，一个人的活动，势必影响到别人，而且跑得像电子一般快，立刻波荡到他所属的社会及人类全体。活动留下来的魂影，本人渍得最深，大部分遗传到他的今生他生或他的子孙，是之谓“自分别业”；还有一部分，像细雾一般，霏洒在他所属的社会乃至全宇宙，也是永不磨灭，是之谓“同分共业”。例如我们说“清华学风”，说“中国国民性”，这两句话怎么解呢？你想叫清华学校拿出他的学风给你看，那是拿不出看不见的，然而“清华学风”这样东西是确实有的。问他从哪里来呢？当然不是上帝赋予的，当然不是无因而生的，全是自清华成立以来，前后全部师生各个人一切身心活动所留下的魂影，霏洒在清华学校这个有机体上头，形成他一种特别性格。例如我今晚在堂上讲两点钟书，便也替清华造了一部分的业，诸君刚才在运动场打了半点钟的球，便也替清华造了一部分的业。所有种种活动，都能引起清华里头自己或别人同时或将来的别种活动，且能规定其活动方向之几分。这些活动魂影，一点一点积起来——像宜兴壶里茶精一般，便成了所谓清华学风者。中国国民性亦然。所谓同分共业，其意义大概如此。

以上所说，业的意义大概可以明了了。以下请说“轮回”的意义。

轮回，梵文 Samsara，直译之则流转之义。佛所说轮回，并非如现在和尚们或妇人女子们所揣想，各人有一个灵魂，死后“灵魂出壳”跑到别个地方去变人变猪变狗，像炮弹子从炮膛打出去打到别处。这种话是外道的“神我说”，与佛说最不能相容。关于这一点，在下文讲“无常无我”那一节再详说。现在先说佛的轮回说之大概。

依佛的意思，人生时时刻刻都在轮回中。不过有急性，有慢性。慢性的叫做“生灭”或叫做“变异”，急性的叫做“轮回”（轮回不过各种变异形式中之一种）。你看，我们肉体，天天变化，我身上的骨肉血，不到一个礼拜已经变成了街上的粪泥尘。何止生理上如此，心理上的活动，还不是时时刻刻变迁。现在站在讲堂上的梁启超和五十年前抱在他母亲怀里的梁启超到底是一个人还是两个人，也很可以发生疑问。这种循环生灭之相，我们便叫他做轮回也可以。不过变异得甚微而且甚慢，我们不觉得、不惊异。这种循环生灭，常人以为到死时便全部停息，依佛的观察则不然。只要业力存在，生灭依然相续。不过经一个时期，画一个段落，到那时忽然现一种突变的状态。这种突变状态，给他一个特别名词叫做轮回。有位黎士德威夫人 Mrs. Rhys Davids 做一个图形容得甚好：

A—A’ —A’’ —A’’’ —A_n…………anB—B’ —B’’ —B’’’ —B^n……bnC…………

譬如 A 是假定的一个人本来的性格，他时时刻刻活动不休，活动的反应（即业）渐渐添上别的新成分，变为 A’，次第往前活动去。从前的业依然保留，随时又添上新的变为 A’’、A’’’，到最后把这一个时期的经验都积集起来变为 A^n，便是这一期生命所造业的总和。这个人的肉身，受物理原则的支配，到某时期当然会死去，但 A_n 的业依然不灭。得个机会，他便变而为 BC。其实 B 是由 A^n 真突变而成。表示他突变的关系，可以写为“anB”。以后“bnC”、“cnD”、“dnE”递续嬗变下去，都是如此。从表面看，A、B、C、D 截然不同形，实则 B 的原动力由 A 来，A’、A’’、A’’’ 的种种业，都包含在 B 之中。A 为 B 因，B 为 A 果。所谓三世两重之因果便是如此。这样看来，轮回恰像蚕变蛹、蛹变蛾。表面上分明三件东西，骨子里原是一虫所变。说蚕即蛾也不对，说蚕非蛾也不对；说蛾即蚕也可以，说蛾非蚕也可以。

还有一个譬喻。一棵树经一期的活动，发芽、长叶、开花、结子，子中所藏的核，便将这树所有特性全部收集在里头。表面上看，核里一无所有，叶也没有，花也没有，但他蕴藏着那能引起开花发叶的“业力”，所以碰着机缘（例如种植）便会创造出一棵新树。新树与旧树，也类似一种轮回了。假定这核系桃核，栽出来的新树当然也是桃，不会变做李。但是，倘使换一块地土去栽，另用一种新肥料培养他，将来所结桃果，便会别是个味儿。假使把苹果树给他接上，那桃又必带有苹果味。将来把这个新核再栽出新树，又必结出带苹果味的桃子。这个譬喻，可以说明佛家所谓“种子现行相熏相引相生”的道理。桃核即“种子”，即十二因缘第一支之“无明”。核是前身桃树的结晶，把旧桃的特性（即业）全部收集在里头，故亦称业种。无核则新桃不会发生，所以说“一切众生皆由业转”。核的本身蕴藏有开枝发叶的原动力，便是第二支的“行”。假使那核煮过或泡过，种子焦了烂了，失却原动力，便不会生长。原动力是种子能发生的条件，所以说“无明缘行”。无明是种子，行是种子固有之属性，所以两项可以统名为种子。这两项都是从过去世遗传下来，新桃树未出现以前，核的本身自有这种作用，这便是能生的因。那核栽在地下，本身的原动力将他所含特性发动起来和外界环境相感应，于是发芽长叶开花结子乃至叶落根枯到这树的一期生活修了，都谓之“现行”。识、名色、六入、触、受、爱、取、有都是现行的变化。种子靠现行的熏习力才能逐渐开发，否则核只是核，不会发芽，芽只是芽，不会长叶、开花等等。现行也靠种子的熏习力才会跟着自己特性那条线上开发上去。桃核开发出的是桃不是杏，杏核开发出的是杏不是梨。这便是种子现行相熏相引。一期生活的现行中，内力受外界刺激起种种反应，原种子也跟着变化。渐渐形成这一期的新特性。例如桃树接上苹果，便成了含有苹果成分的特种桃。此外因气候、土质、肥料、人工等等之特殊，所资以形成其特性者不知凡几。这种特性总合起来——即“业”之总和，全部分又蕴藏在新结的核里头，为下一次别棵桃树的新种子。十二支的最末两支——“生”、“老死”，即他所生的未来之果。这便是前节说的“三世两重因果法则”。拿现在的话讲，种子可以勉强说是遗传，现行可以勉强说是环境（但佛家所谓种子现行比生物学家所谓遗传环境涵义更广）。禀受过去的遗传，适应于现在环境为不断的活动。活动的反应，形成新个性，又遗传下去。业与轮回的根本理法大概如此（注意：

拿树来比人，总是不对，因为树是没有意识的。所以“识缘名色，名色缘识”的道理，拿树譬喻不出来。人类活动以“识”为中枢。识之活动范围极广大，事项极复杂。种子受熏习而起的变化，亦与之相应。当然不是一棵树一期生活之变迁所能比了）。

我们若相信佛说，那么，我们的生命，全由自己过去的业力创造出来，也不是无因而生，也不是由天所命。在这生命存在的几十年间，又不歇的被这业力所引，顺应着环境，去增长旧业，加添新业。一切业都能支配未来的生命。近之则一秒一分钟后一日后一年后几十年后的未来，远之则他生永劫的未来，循自业自得的公例，丝毫不能假借。尤其当注意者两点。（一）佛说的业果报应是不准抵销的，并非如袁了凡功过格所说做了一百件过再做一百件功便可以冲抵。例如今日做过一件杀人的恶业，将来一定受偿命的恶报，没有法子能躲免。明天重新做一件救人的善业，等前头的恶报受完了，善报自然会轮到头。譬如打电报，北京局里打出一个 a 字，上海局里立刻现出一个 a 字，再打 b 字，那边自然又现出 b 字，却不能说后来有个 b 便把从前的 a 取销。又如电影片，照过一个丑女，到映演时丑女定要现出来，并不因为后来再照一个美人，便能把丑形盖过。（二）佛说的业果报应不是算总帐的，并非如基督教所说到世界末日耶稣复生时，所有死去的人都从坟墓里爬出来受审判，或登天堂或下地狱。因为佛的生命观是流动的不是固定的，所以除却把帐簿一笔勾销时，时时刻刻都是结的流水帐。因能生果，果复生因。横看则因果重重，竖看则因果相续。绝不会有停顿着等结总帐的时候。关于这一点，在下文“无常无我”那一节再予说明。

以上所说，业与轮回之意义大概可以明白了。依我所见，从哲学方面看，此说最为近于科学的，最为合理的。因为我们可以借许多生物学上、心理学上的法则来烘托证明。从宗教或教育方面看，此说对于行为责任扣得最紧而鼓舞人向上心又最有力，不能不说是最上法门。

无常与无我

佛教三法印："（一）诸行无常；（二）诸法无我；（三）涅槃寂静。"什么是无常？佛说："凡世间一切变异法、破坏法皆无常。"世界所有一切现象都是变异的破坏的，显而易见，地球乃至恒星系，天天在流转变迁中，再经若干千万年终须有一天毁灭。人生更不消说了："君不见黄河之水天上来，奔流到海不复回。君不见高堂明镜悲白发，朝如青丝暮如雪。"何止生理上如此，从心理上看，后念甫生，前念已灭，所谓"刹那刹那，念念之间不得停住"。所以后来唯识家下一个妙喻说："恒转如瀑流。"拿现在事物作譬，最确切的莫如电影。人之一生，只是活动和活动的关系衔接而成。活动是没有前后绝对同样的，也没有一刻休息，也没有一件停留。甲活动立刻引起乙活动，乙活动正现时，甲活动已跑得无影无踪了。白布上活动一旦停息，这一幕电影便算完。生理心理上活动一旦停息，这一期生命便算结束。活动即生命，除却活动别无生命："逝者如斯夫，不舍昼夜。"人生的"如实相"，确是如此。

与无常论连带而起的便是无我论。寻常人认七尺之躯为我，印度诸外道多说有"神我"。佛则以为一切有情之生命皆由五蕴合成。五蕴复分为二：一、物质方面：即色蕴，亦名为"色"；二、精神方面，即受、想、行、识四蕴，统名为"名"。生命不过物质、精神两要素在一期间内因缘和合，俗人因唤之为"我"。今试问我在哪里？若从物质要素中求我，到底眼是我呀，还是耳是我、鼻是我、舌是我、身是我？若说都是我，岂不成了无数的我？若说分开不是我，合起来才成个我，既已不是我，合起来怎么合成个我？况且构成眼、耳、鼻、舌、身的物质排泄变迁，刻刻不同，若说这些是我，则今日之我还是昨日之我吗？若从精神要素中求我，到底受是我呀，还是想是我、行是我、识是我？抑或[1]合起

① 原误作"析或"，今改正。

来才成我？答案之不可通，正与前同。况且心理活动刻刻变迁，也和物质一样。此类之说，所谓“即蕴我”说（求我于五蕴中），其幼稚不合理，无待多驳。还有“离蕴我”说（求我于五蕴外）。例如道教所说有个元神可以从口里或额门里跑出跑进，又或尸解后成了神仙来往洞天福地，又如基督教说的灵魂永生，当时印度外道所谓神我，亦即属此类。此类神我论，在事实上既绝对没有见证，用科学方法去认识推论又绝对不可能。佛认为是自欺欺人之谈，不得不严行驳斥（欲知佛家对于有我论之详细辩驳，可读《成唯识论述[①]记》卷一、卷二）。想明白佛教无我论的真谛，最好还是拿电影作譬。电影里一个人的动作，用无数照片凑成，拆开一张一张的片，只有极微的差异，完全是呆板一块纸；因为电力转得快，前片后片衔接不停的动，那动相映到看客的眼帘，便俨然成了整个人整个马的动作。“恒转如瀑流”的人生活动，背后俨然像有个人格存在，就是这种道理。换句话说，一般人所指为人格、为自我者，不过我们错觉所构成，并没有本体。佛家名之为补特伽罗 Pudgala 译言“假我”，不是真我。要而言之，佛以为在这种变坏无常的世间法中，绝对不能发见出有真我。既已无我，当然更没有我的所有物。所以佛教极重要一句格言曰：“无我无所。”

无常、无我，佛用他的如实知见观察人生实相，灼然见为如此。然则这样的人生，他的价值怎么样呢？佛毅然下一个断语说是“一切苦”。在无常的人生底下，一切都不得安定。

男女两性打得滚热，忽然给你一个死别生离；功名富贵震耀一时，转眼变成一堆黄土。好像小孩子吹胰子泡，吹得大大的五色透明可爱，结果总是一个破灭完事。你说苦恼不苦恼？在无我的人生底下，一切自己作不得主，全随着业力驱引。虽说是用自己意志开拓自己命运，然自己意志，先已自为过去业力所支配，业业相引。现前的行动又替将来作茧自缚，尘尘劫动，在磨盘里旋转不能自拔。你说苦恼不苦恼？所以佛对于人生事实

---

① 原误作“迷”，今改正。

的判断，说“诸行无常，诸法无我”，对于人生价值的判断说“一切苦”。

解脱与涅槃

这样说来，佛教岂不是纯粹的厌世主义吗？不！不！不！佛若厌世，何必创这个教？且天下也从没有以厌世为教而可以成一个教团，得大多数人之信仰且努力传播者。佛教当然不是消极的诅咒人生，他是对于一般人的生活不满足，自己别有一个最高理想的生活，积极的闯上前去。最高理想生活是什么？曰涅槃。怎么才能得到涅槃？曰解脱。

解脱，梵名木叉 Moksa，译言离缚得自在。用现在话解释，则解放而得自由。详细点说，即脱离因奴束缚的生活，恢复自由自主的地位。再详细点说，这些束缚，并非别人加之于我，原来都是自己找来的，解脱不外自己解放自己。因为束缚非自外来，故解脱有可能性。亦正惟因束缚是自己找的，故解脱大不易，非十分努力从事修养不可。

佛教修养方法，因众生根器各各不同，随缘对治。所谓“八万四千法门”，如三学——戒、定、慧；四圣谛——苦、集、灭、道；八正道——正见、正思维、正语、正业、正命、正精进、正念、正定等等，今不必具述。要其指归，不外求得两种解脱。一曰慧解脱，即从智识方面得解放；二曰心解脱，即从情意方面得解放。我们为讲解便利起见，可以分智、情、意三项为简单的说明。

（一）智慧的修养。佛教是理智的宗教，在科学上有他的立场。但却不能认他是主知主义派哲学。他并非如希腊哲学家因对于宇宙之惊奇而鼓动起研究热心。“为思辩而思辩”的议论，佛所常呵斥也。佛所谓智慧者，谓对于一切“世相”能为正当之价值判断，根据这种判断更进求向上的理想。《心经》说：“行深般若波罗密多时，照见五蕴皆空，度一切苦厄……乃至……无挂碍……①，无有恐怖。”般若译言智慧。一面观察

① 《心经》此段的原文为：“……乃至无老死，亦无老死尽；无苦集灭道，无智亦无得，以无所得故。菩提萨捶，依般若波罗蜜多故，心无挂碍，无挂碍故，无有恐怖。”

世相，深通因缘和合、无常无我之理，不受世俗杂念之所缠绕；一面确认理想界有高纯妙乐之一境，向上寻求。佛家所用各种“观”全是从这方面着力。

（二）意志的修养。意志修养有消极、积极两方面。消极方面，主要在破除我执，制御意志，换句话说，要立下决心，自己不肯做自己奴隶。佛以为众生无明业种，皆由对于我的执着而生，因为误认五蕴和合之幻体为我。既认有我，便有“我所”，事事以这个假我为本位。一切活动，都成了假我的奴隶。下等的替肉体假我当奴隶，例如为奉养舌头而刻意求美食，为奉养眼珠而刻意求美色之类。高等的替精神假我当奴隶，例如受一种先入为主的思想或见解所束缚而不能自拔之类。佛以为此等皆是由我执发生的顽迷意志，我们向来一切活动，都为他所左右。我们至少要自己当得起自己的家，如何能令这种盲目意志专横？非以全力克服他不可。后来禅家最爱说“大死一番”这句话，就是要把假我观念完全征伏，绝其根株的意思。

但佛家所谓制御意志者，并非制止身心活动使形如槁木、心如死灰之谓。孟子说：“人有不为也，然后可以有为。”一方面为意志之裁抑，他方面正所以求意志之昂进。阿难说：“以欲制欲。”（《杂阿含》三十五）①，未见阿难有此言。不知梁氏所依何本，未敢遽断其妄。佛常说“法欲”，又说“欲三昧”。凡夫被目前小欲束缚住，失却自由。佛则有一绝对无限的大欲在前，悬以为目标，教人努力往前驀进。所以“勇猛”、“精进”、“不退转”一类话，佛常不离口。可见佛对于意志，不仅消极的制御而已，其所注重者，实在积极的磨练激励之一途。

（三）感情的修养。感情方面，佛专教人以同情心之扩大，所谓“万法以慈悲为本”。慈谓与人同喜，悲谓与人同忧。佛以破除假我故，实现物我同体的境界。对于一切众生，恰如慈母对于爱子，热恋者对于

① 寻检《杂阿含》（《大正藏》本）。

其恋人，所有苦乐，悉同身受。佛以为这种纯洁的爱他心必须尽量发挥，才算得佛的真信徒。以上所说，算是佛教修养的大纲领。因讲演时间太短，只能极简略的说说罢了。为什么要修养呢？为想实现我们的最高理想境界。这个境界，佛家名曰涅槃。

涅槃到底是什么样境界呢？佛每说到涅槃，总说是在现法中自证自知自实现。我们既未自证自现，当然一个字也说不上来。依训诂家所解释，大概是绝对清凉无热恼，绝对安定无破坏，绝对平等无差别，绝对自由无系缚的一种境界。实相毕竟如何，我便不敢插嘴了。但我们所能知道者，安住涅槃，不必定要抛离尘俗。佛在菩提树下已经得着涅槃，然而还说四十九年的法，不厌不倦，这便是涅槃与世法不相妨的绝大凭据。

附录：说无我

佛说法五十年，其法语以我国文字书写解释今存大藏中者垂八千卷，一言以蔽之，曰“无我”。

佛何故说无我耶？无我之义何以可尊耶？“我”之毒害，在“我爱”、“我慢”，而其所由成立则在“我见”。何谓我爱？《成唯识论》（卷四）云：“我爱者，谓我贪，于所执我，深生耽着。”我爱与兼爱不相容，对于我而有所偏爱，则必对于非我之“他”而有所不爱，如是则一切世界不成安立。我身、我妻子、我家族、我财产、我乡土、我团体、我阶级、我国家，如是种种，认为是即我或我所有，从而私之；其他身、他家族，乃至他阶级、他国家，以非我故，对之而生贪悭、嫉妒、怨毒、欺诈、贼害、斗争，以是之故，一切世界，不成安立。何谓我慢？《成唯识论》云：“我慢者，谓倨傲，恃所执我，令心高举。”万事以我为中心，以主我的精神行之，谓环乎我者皆宜受我支配，供我刍狗；其浅狭者，如个人的我慢、阶级的我慢、族姓的我慢、国家的我慢，且不必道；其尤普遍而深广者，则人类的我慢，谓我为天帝之胤，为万物之灵，天地为我而运行，日月为我而明照，含生万类为我而孳育。以五官所经验，谓足穷事物之情状；以意境所幻构，谓足明宇宙之体用，故见自封，习非成是。湮覆真理，增长迷情，我爱我慢，其毒天下如此。至其为个人苦恼之根源，更不必论矣。而其所由起，则徒以有我之见存，故谓之“我见”。不破此我见，则我爱与我慢，决末由荡涤，此佛所以以无我为教义之中坚也。

所谓“无我”者，非本有我而强指为无也。若尔者，则是为戏论，为妄语。佛所断不肯出。《大智度论》三十六云：“佛说诸法性常自空，非以‘空三昧’令法空。”佛之无我说，其所自证境界何若，非吾所敢妄谈。至其所施设以教吾人者，则实脱离纯主观的独断论，专用科学的分析法，说明“我”之决不存在。质言之，则谓吾人所认为我者，不过心理过程上一种幻影，求其实体，了不可得。更质言之，则此“无我”之断案，实建设于极隐实、极致密的认识论之上。其义云何？即有名之“五蕴皆空说”是已。今当先释五蕴之名，次乃述其与“我见”之关系。

蕴 Khandha，旧译阴，亦译聚，亦译众。《大乘广五蕴论》云：

问：蕴为何义？答：积聚是蕴义，谓世间相续，品类趣处差别色等总略摄故。如世尊说，比丘[1]所有色，若过去，若未来，若现在，若内若外，若粗若细，若胜若劣，若近若远，如是总摄为一“色蕴”。

（今译）问：什么叫做蕴？答：蕴是积聚的意思，将时间的相续不断之种种差别现象，分出类来，每类作为一聚，这便是蕴。例如世尊告某比丘说，所有一切物质（色），现在的、过去的、未来的，内的、外的，粗的、细的，胜的、劣的，远的、近的，总括起来，成为一个“色蕴”。

蕴训积聚，故凡有积聚义者皆得名蕴（例如篇名亦谓之蕴，《发智

① 原脱此“比匠”二字，今补。

论》、《大毗婆沙》皆分八蕴，即八篇也。旧译取梵音名八犍度）。此所谓蕴者，专就意识活动过程上之类聚而言，凡分为五：

一色蕴 Rupa 物质物态＝感觉之客观化
二受蕴 Vedana 感觉……………………
三想蕴 Sanna 知觉，联想，印象…………
四行蕴 Sankhara 执意，思维……………
（以上四蕴）所认识之对象

五识蕴 Ninnana 了别，集起……………能认识之主体

以上所释，尚有未明未惬之处，更分释如下：

（一）色蕴。《增一阿含经》（廿八）云："此四大身，是四大所造色，是故名为色阴。……所谓色者，寒亦是色，热亦是色，饥亦是色，渴亦是色。"《大乘广五蕴论》云："云何色蕴？谓四大种及大种所造色——无表色等。"色蕴所摄如下图：

色——
- （甲）四大种——地界坚性，水界湿[1]性，火界暖性，风界动性。
- （乙）四大所造色——
  - （一）五根＝眼根、耳根、鼻根、舌根、身根。
  - （二）五境＝色境、声境、香境、味境及触境之一部分。
  - （三）无表色。

说明：四大种指物质，四大所造色指物质之运动，此二者不容混为一谈。最近倡相对论之哀定登 A. S. Eddington 已极言其分别之必要。"所造色"分三类。第一类五根，即《杂阿

① 原误作"泾"，今改正。

含》所谓四大身。第二类五境，即五根所接之对境。第三类无表色，分为极略、极迥、定所生、遍计所起等。极略、极迥，皆极微之意。“极略”谓将木石等有形之物质，分析至极微。“极迥”谓将声光等无形之物质，分析至极微，甚与现代物理学的分析相似矣。“定所生”谓用定力变成之幻境，如诸大乘经所说“华严楼阁”等。“遍计所起”谓由幻觉变现，如空华第二月等。合以上诸种，总名色蕴。

以吾人常识所计，此所谓色者，全属物理的现象（除无表色中一小部分）。何故以厕诸心理现象之五蕴耶？须知认识之成立，必由主客两观相对待，无主观则客观不能独存，外而山河大地，内而五官百骸，苟非吾人认识之，曷由知其存在？既已入吾识域而知其存在，则知其决不能离吾识而独立，故佛家之谓此为识所变。论云：“谓识生时[①]，内因缘力变似眼等色等相现，即以此相为所依缘。”（《成唯识论》卷一）又如经所说寒热、饥渴等，骤现似纯属生理的事实，其实对于此种外界之刺戟，心理的对应先起，而生理的冲射乃随其后，特此种极微细的心之状态，素朴思想家未察及耳，故吾总括此造种“色”，名之曰感觉的客观化。此义在《毗婆沙》、《俱舍》、《瑜伽》、《唯识》诸书，剖之极详，得近世欧美心理学者一部分的证明，更易了解。

（二）受蕴。经云（《增一阿含》廿八，下同）：“受者名觉。觉为何物？觉苦，觉乐，觉不苦不乐[②]。”《广五蕴论》云：“受，谓识之领纳。”与色蕴相应之寒热、饥渴等，不过受刺激之一刹那间，为纯任自然之对应，不含有差别去取作用；再进一步，则在并时所应之无数对境中，领受其某部分，例如冬令，围炉则觉受“热色”而起乐感，冒雪则觉受“寒色”而起苦感，是之谓受，当心理学书所谓感觉。

① “谓”字上，原尚有“云何色由识变?”一句，衍文，删去。

② 原误作“觉不苦，觉不乐”，今改正。

（三）想蕴。经云：“云何名想阴，所谓三世共会。……想亦是知，知青、黄、白、黑，知苦知乐。”《阿毗昙杂心论》云：“想者，谓于境界能取像貌。”① 此所谓想者，不应解作广义的“思想”，盖仅能摄取事物之像貌，如照相机而已。然摄取一像貌，必须其像貌能示别于他像貌，则非有联想的作用不为功。经言三世共会者，三谓过去、现在、未来，共会者，即联想之义。何以能知青、黄、白、黑？前此本有如何是青的概念，现在受某种“表色”则知其与旧所记忆之青的概念相应，而示区别于其他之黄、白、黑，此即所谓知觉。而其所得，则印象也。

（四）行蕴。经云：“所谓行者，能有所成，……或成恶行，或成善行②。”行蕴所含最广，心理现象之大部分皆属焉。今依《大乘五蕴论》及《百法明门》，以百法中之九十四有为法，分配五蕴，列为左（下）表，读之可以知行蕴内容之复杂焉。

- 法
  - 有为法＝
    - 色蕴——色法十一种（五根五境及无表）
    - 受蕴——心所法中之“受”法
    - 想蕴——心所法中之“想”法
    - 行蕴——
      - （甲）除受想外余心所法
        - （一）遍行法五种之中三（触作意思）
        - （二）别境法五种
        - （三）善地法十一种
        - （四）烦恼法六种
        - （五）随烦恼法二十种
        - （六）不定法四种
      - （乙）不相应行法二十四种
    - 识蕴——心法八种（眼耳鼻舌身意识，末那识，阿赖耶识）
  - 无为法…………六种

① 《广五蕴论》原文如下：“想者，于境界取像貌。”

② 原误作“或成善行，或成恶行”，今改正。

说明：法字按诸今语，可译为概念。百法之名，非佛时所有。佛常言一切法，而未举其数。小乘家如《俱舍论》等，举七十五法。大乘家如《瑜伽师地论》等，举六百六十法。此所依《百法明门》，乃天亲撮瑜伽为略数。此皆将心理现象绵密分析，近世欧美斯学专家，尚不逮其精审。百法中除六种无为法超绝五蕴外，余九十四种有为法，大分为四类：一心法，二心所法，三色法，四不相应法。此中复分为二系，心法自为一系，即能认识之主体，余三类合为一系，即所认识之对象。彼三类中，色法即物理的对象。心所法者，谓"心之所有"，即心理之对象也。不相应法者，谓与色与心俱不相应，如生命、语言文字等皆属之。

此诸法中，心所法与不相应法最为复杂，共占七十五种。以配五蕴，则除此中两种分属受蕴、想蕴外，余七十三种俱属行蕴，此可见行蕴之内容矣。

观右表则知行蕴所摄，殆亘心理之现象之全部。欲概括说明，颇极不易，但其中最要者，为遍行法中之触、作意、思三种（遍行法有五：一作意，二触，三受，四想，五思。此据《百法明门》次第。受、想各分属其本蕴，余三属行蕴，如上表）。依《广五蕴论》所释"触谓眼、色、识等三和合分别"，① 谓眼根、色境、眼识凑会在一处，乃成为"触"也（此色字非色蕴之色，此触字非色、声、香、味、触之触，勿混）。"作意……②谓令心、心所法现前警动。"即今语所谓特别注意。"思，谓令心造作意业，犹如磁石引铁令动。"是知"行蕴"者，对于

① 《广五蕴论》原文如下："云何触？谓三和合，分别为性。三和，谓眼、色、识，如是等。此诸和合，心心法生，故名为触。"

② 此处原略去"谓令心发悟为性"一句，今以省略号识之。

想蕴所得之印象加重主观的分量，经选择注意，而心境凝集一点，完为一个性的观念也。故曰“能有所成”。

（五）识蕴。识蕴，小乘谓有眼、耳、鼻、舌、身、意六识，大乘加以第七末那识、第八阿赖耶识，是为八识。《广五蕴论》云：“云何识蕴？谓于所缘了别为性，亦名心，亦名意，此能采集诸行种子。又此行相不可分别，前后一类相续转。”① 《顺正理论》（卷三）云：“识谓了别者，是惟②总取境界相义，各各总取彼彼境相，各各了别谓彼眼识，虽有色等多境现前，然惟取色，不取声等，……于其自境，惟总取相。”法相宗书数百卷，不外说明一“识”字，繁征细剖，恐读者转增迷惘，且俟下文随时诠释。今但以极简单语略示其概念：识也者，能认识之自体，而对于所认识之对象，了别其总相，能整理统一个个之观念使不相挠乱，又能使个个观念继续集起不断者也。其实色、受、想、行，皆识所变现，一识蕴即足以包五蕴，所以立五名者，不过施设之以资观察之便利，谓意识活动之过程，有此五者而已（所谓七十五法、百法乃至六百六十法，皆不外一种方便的施设，但求不违真理，名数不妨异同）。试为浅譬如印刷然，色蕴为字模；受、想、行则排字之次第，经过逐段递进，识蕴则纸上之印刷成品，机器一动，全文齐现。此譬虽未悉真，亦庶近之。

佛典屡用色、名二字，色即指色蕴，名指受、想、行、识四蕴。因其为方便施设之一种名号也。此则前一蕴为一类，后四蕴为一类；若就能所区别论，则前四蕴为一类，后一蕴为一类。

---

① 《广五蕴论》原文如下：“云何识蕴？谓于所缘，了别为性。亦名心，能采集故；亦名意，意所摄故。若最胜心，即阿赖耶识，此能采集诸行种子故。又此行相不可分别，前后一类相续转故。”

② 原误作“为”，今改正。

中国佛学的建立

冯友兰

道家的“无为”、“无心”原来只有社会伦理的意义，进入了佛学就有形上学的意义了，这一点是很有趣的。

佛教传入中国，是中国历史中最重大的事件之一。从它传入以后，它就是中国文化的重要因素，在宗教、哲学、文学、艺术方面有其特殊影响。

佛教的传入及其在中国的发展

佛教传入的确切年代是一个有争论的问题，历史家们仍未解决，大概是发生在公元一世纪上半叶。传统的说法是在东汉明帝（58—75 年在位）时，但是现在有证据说明在明帝以前在中国已经听说有佛教了。尔后佛教的传播是一个漫长而逐步的过程。从中国的文献资料看，在公元一、二世纪，佛教被人认为是有神秘法术的宗教，与阴阳家的和后来道教的神秘法术没有多大不同。

在二世纪，有一个说法是，佛不过是老子弟子而已，这个说法在一定范围内传开了。这个说法是受到《史记 · 老子列传》的启发，其中说老子晚年出关，“莫知其所终”。道家中的热心人就这句话大加发挥，创作了一个故事，说老子去到西方，到达印度，教了佛和其他印度人，总共有二十九个弟子。这个说法的含意是，佛经的教义不过是《道德经》即《老子》的外国变种罢了。

在三、四世纪，比较有形而上学意义的佛经，翻译的更多了，对佛学的了解也进了一步。这时候认为，佛学很像道家哲学，尤其是庄子哲学，而不像道教。佛学著作往往被人用道家哲学的观念进行解释。这种方法叫做“格义”，就是用类比来解释。

这样的方法，当然不会准确，容易造成曲解。于是在五世纪，这时候翻译的佛经大量地迅速地增加了，这才坚决不用类比解释了。可是仍然存在这样的情况，就是五世纪的佛学大师，甚至包括印度来的鸠摩罗什在内，继续使用道家的术语，诸如“有”、“无”、“有为”、“无为”，来表达佛学的观念。这样做与类比解释不同，后者只是语词的表面相似，前者则所用语词与其表达的观念有内在联系。所以从这些著作的内容来判断，作者们继续使用道家术语，并没有造成对佛学的误解或曲解，倒是造成印度佛学与道家哲学的综合，导致中国形式的佛学的建立。

这里必须指出：“中国的佛学”与“在中国的佛学”，二者所指的不一定是一回事，即不一定是同义语。因为佛教中有些宗派，规定自己只遵守印度的宗教和哲学传统，而与中国的不发生接触。相宗，又称唯识宗，就是一个例子。相宗是著名的到印度取经的玄奘（596—664）引进中国的。像相宗这样的宗派，都只能叫做“在中国的佛学”。它们的影响，只限于少数人和短暂的时期。它们并没有进入广大知识界的思想中，所以在中国的精神的发展中，简直没有起作用。

“中国的佛学”则不然，它是另一种形式的佛学，它已经与中国的思想结合，它是联系着中国的哲学传统发展起来的。往后我们将会看到，佛教的中道宗与道家哲学有某些相似之处。中道宗与道家哲学相互作用，产生了禅宗。禅宗虽是佛教，同时又是中国的。禅宗虽是佛教的一个宗派，可是它对于中国哲学、文学、艺术的影响，却是深远的。

佛学的一般概念

随着佛教的传入中国，有些人为佛经的汉译作了巨大的努力。小乘、大乘的经文都翻译过来了，但是只有大乘在中国的佛学中获得永久的地位。

总的说来，大乘佛学对中国人影响最大者是它的宇宙的心的概念，以及可以称为它的形上学的负的方法。对这些进行讨论之前，必须首先考察一下佛学的几个一般概念。

虽说佛教有许多宗派，每个宗派都提出了某些不同的东西，可是所有的宗派一致同意，他们都相信“业”的学说。业，通常解释为行为，动作。但是业的实际含义更广，不只限于外部的行动，而且包括一个有情物说的和想的。照佛学的说法，宇宙的一切现象，或者更确切地说，一个有情物的宇宙的一切现象，都是他的心的表现。不论何时，他动，他说，以至于他想，这都是他的心做了点什么，这点什么一定产生它的结果，无论在多么遥远的将来。这个结果就是业的报应。业是因，报是果。一个人的存在，就是一连串的因果造成的。

一个有情物的今生，仅只是这个全过程的一个方面。死不是他的存在的终结，而只是这个过程的另一个方面。今生是什么，来自前生的业；今生的业，决定来生是什么。如此，今生的业，报在来生；来生的业，报在来生的来生；以至无穷。这一连串的因果报应，就是“生死轮回”。它是一切有情物的痛苦的主要来源。

照佛学的说法，这一切痛苦，都起于个人对事物本性的根本无知。宇宙的一切事物都是心的表现，所以是虚幻的，暂时的，可是无知的个人还是渴求它们，迷恋它们。这种根本无知，就是“无明”。无明生贪瞋痴恋；由于对于生的贪恋，个人就陷入永恒的生死轮回，万劫不复。

要逃脱生死轮回，惟一的希望在于将“无明”换成觉悟，觉悟就是梵语的“菩提”。佛教一切不同的宗派的教义和修行，都是试图对菩提有所贡献。从这些对菩提的贡献中，个人可以在多次再生的过程中，积累不再贪恋什么而能避开贪恋的业。个人有了这样的业，其结果就是从生死轮回中解脱出来，这种解脱叫做“涅槃”。

那么，涅槃状态的确切意义是什么呢？它可以说是个人与宇宙的心的同一，或者说与所谓的佛性的同一；或者说，它就是了解了或自觉到个人与宇宙的心的固有的同一。他是宇宙的心，可是以前他没有了解或自觉这一点。佛教的大乘宗派，中国人称作性宗的，阐发了这个学说。（在性宗中，性和心是一回事。）在阐发之中，性宗将宇宙的心的观念引入了中国思想。所以性宗可译为 School or Universal Mind（“宇宙的心”宗）。

佛教大乘的其他宗派，如中国人称为空宗，又称为中道宗的，却不是这样描述涅槃的。它们的描述方法，我称之为负的方法。

二谛义

中道宗提出所谓“二谛义”，即二重道理的学说：认为有普通意义的道理，即“俗谛”；有高级意义的道理，即“真谛”。它进一步认为，不仅有这两种道理，而且都存在于不同的层次上。于是低一层次的真谛，在高一层次就只是俗谛。此宗的大师吉藏（549—623），描述此说有如下三个层次的“二谛”：（1）普通人以万物为实“有”，而不知“无”。诸佛告诉他们，万物实际上都是“无”，“空”。在这个层次上，说万物是“有”，这是俗谛；说万物是“无”，这是真谛。（2）说万物是“有”，这是片面的；但是说万物是“无”，也是片面的。它们都是片面的，因为它们给人们一个错误印象：“无”只是没有了“有”的结果。殊不知事实上是，“有”同时就是“无”。例如，我们面前的桌子，要表明它正在停止存在，并不需要毁掉它。事实上，它无时无刻不是正在停止其存在。其原因在于，你开始毁桌子，你所想毁的桌子已经停止存在了。此一刻的桌子不再是前一刻的桌子了。桌子只是看着好像前一刻的桌子。因此在二谛的第二层次上，说万物是“有”与说万物是“无”，都同样是俗谛。我们只应当说，不片面的中道，在于理解万物非有非无。这是真谛。（3）但是，说“中道”在于不片面（即非有非无），意味着进行区别。而一切区别的本身就是片面的。因此在第三层次上，说万物非有非无，说“不片面的中道”即在于此，这些说法又只是俗谛了。真谛就在于说：万物非有非无，而又非非有非非无；中道不片面，而又非不片面。（说见《二谛章》卷上，载《大正新修大藏经》卷四十五）由以上所用的“有”、“无”二字，当时的思想家可以看出或者感到，佛学讨论的中心问题，与道家讨论的中心问题，有相似之处，都是突出“有”、“无”二字。当然，一深入分析，就知道这种相似在某些方面是表面的相似；可是，在道家将“无”说成“超乎形象”，佛家将“无”说成“非非”的时候，却是真正的相似。

还有一个真正相似之处：佛教此宗与道家所用的方法，以及用这种方法所得的结果，都是相似的。这种方法是，利用不同的层次，进行讨论。一个层次上的说法，马上被高一层次上的说法否定了。《庄子·齐物论》所用的也是这种方法，它就是以上刚才讨论的方法。

一切都否定了，包括否定这个“否定一切”，就可以达到庄子哲学中相同的境界，就是忘了一切，连这个“忘了一切”也忘了。这种状态，庄子称之为“坐忘”，佛家称之为“涅槃”。我们不可以问佛教此宗，涅槃状态确切地是什么，因为，照它说的，达到第三层次的真谛，就什么也不能说了。

僧肇的哲学

公元五世纪，在中国的佛教此宗大师之一是鸠摩罗什。他是印度人，出生的国家则在今新疆省内。他于401年到长安（今陕西省西安），在此定居，直到413年逝世。在这十三年中，他将许多佛经译为汉文，教了许多弟子，其中有些人很出名，很有影响。这里只讲他的两个弟子：僧肇和道生。

僧肇（384—414），京兆（今西安附近）人。他先研究老庄，后来成为鸠摩罗什弟子。他写了几篇论文，后人辑成一集，称为《肇论》。《肇论》第二论是《不真空论》，其中说：“然则万物果有其所以不有，有其所以不无。有其所以不有，故虽有而非有；有其所以不无，故虽无而非无。……所以然者，夫有若真有，有自常有，岂待缘而后有哉？譬彼真无，无自常无，岂待缘而后无也？若有不能自有，待缘而后有者，故知有非真有。……万物若无，则不应起，起则非无。……欲言其有，有非真生；欲言其无，事象既形。象形不即无，非真非实有。然则不真空义，显于兹矣。”（见《大正新修大藏经》卷四十五）

《肇论》的第一论题为《物不迁论》，其中说：“夫人之所谓动者，以昔物不至今，故曰动而非静。我之所谓静者，亦以昔物不至今，故曰静而非动。动而非静，以其不来；静而非动，以其不去。……求向物于向，于向未尝无；责向物于今，于今未尝有。……是谓昔物自在昔，不从今以至昔；今物自在今，不从昔以至今。……果不俱因，因因而果。因因而果，因不昔灭；果不俱因，因不来今。不灭不来，则不迁之致明矣。”（同上）

意思就是说，万物每刻都在变化。在任何特定的时刻存在的任何事物，实际上是这个时刻的新事物，与过去存在的这个事物，不是同一个事物。《物不迁论》中还说：“梵志出家，白首而归，邻人见之曰：‘昔人尚存乎？’梵志曰：‘吾犹昔人，非昔人也。’”梵志每时每刻存在着。此刻的梵志不是从过去来的梵志；过去的梵志，不是从现在回到过去的梵志。从每物每时变化来看，我们说有动而无静；从每物此时尚在来看，我们说有静而无动。

僧肇的理论，具体化了第二层次的二谛。在这个层次上，说万物是有是静，说万物是无是动，都是俗谛。说万物非有非无，非动非静，是真谛。

僧肇还提出了论证，具体化了第三层次即最高层次的二谛。这些论证见于《肇论》的《般若无知论》。僧肇把“般若”描写成圣智，可是他又说圣智实际上是无知。因为要知某一事物，就要选出这个事物的某一性质，以此性质作为知的对象。但是圣智是要知“无”，它“超乎形象”，没有性质，所以“无”根本不能成为知的对象。要知“无”，只有与“无”同一。这种与“无”同一的状态，就叫做涅槃。涅槃和般若，是一件事情的两个方面。正如涅槃不是可知之物，般若是不知之知。（说见《般若无知论》，载《大正新修大藏经》卷四十五）所以在第三层次上，什么也不能说，只有保持静默。

道生的哲学

僧肇三十多就死了，否则他的影响会更大。道生（434 年卒），钜鹿（今河北省西北部）人，寓居彭城（在今江苏省北部），与僧肇在鸠摩罗什门下同学。他学识渊博，颖悟而雄辩，据说讲起佛学来，顽石为之点头。晚年在庐山讲学，庐山是当时佛学中心，高僧如道安（385 年卒）、慧远（416 年卒）都在那里讲过学。道生提出许多理论，又新又革命，曾被一些保守的和尚赶出了南京。

道生提出的理论中，有“善不受报”义，原文已失传。僧祐（518 年卒）编的《弘明集》，收有慧远的《明报应论》，这篇论文可能代表道生观点的某些方面，因为它也讲善不受报。其总的思想是，将道家“无为”、“无心”的观念应用于形上学。无为的意思并不是真正无所作为，而是无心而为。只要遵循无为、无心的原则，对于物也就无所贪恋迷执，即使从事各种活动，也是如此。既然“业”而受报，是由于贪恋和迷执，现在没有贪恋和迷执，当然“业”不受报了。（《弘明集》卷五，载《大正新修大藏经》卷五十二）慧远的这个理论，无论与道生原意是否相同，也是道家理论向佛家形上学的扩展。道家的“无为”、“无心”原来只有社会伦理的意义，进入了佛学就有形上学的意义了，这一点是很有趣的。由此看来，它确实是中国佛学的一个重要发展，后来的禅宗就是遵循这个发展而发展的。

道生提出的理论中，还有“顿悟成佛”义，原文亦失传，谢灵运（433 年卒）的《辩宗论》阐述了道生此义。顿悟成佛的理论，与渐修成佛的理论相对立。后者认为，只有通过逐步积累学习和修行，即通过积学，才能成佛。道生、谢灵运都不否认积学的重要性，但是他们认为，积学的工夫不论多么大，也只是一种准备工夫，积学的本身并不足以使人成佛。成佛是一瞬间的活动，就像是跃过鸿沟。要么是一跃成功，达到彼岸，刹那之间完全成佛；要么是一跃而失败，仍然是原来的凡夫俗子。其间没有中间的步骤。

“顿悟成佛”义的理论根据是，成佛就是与“无”同一，也可以说是与宇宙的心同一。由于“无”“超乎形象”，“无”自身不是一“物”，所以无不可能分成一部分、一部分。因此不可能今天修得它的一部分，明天修得它的另一部分。同一，就是与其全体同一。少了任何一点，就不是同一。

关于这个问题，谢灵运与其他人有许多辩论，《辩宗论》都有记载。有个和尚名叫僧维，问道：学者若已经与“无”同一，当然不再说“无”了，但是他若要学“无”，用“无”除掉“有”，那么，这样学“无”岂不是渐悟的过程吗？谢灵运回答道：学者若仍在“有”的境界中，他所做的一切都是学，不是悟。当然，学者要能够悟，必须首先致力于学。但是悟的本身一定是超越了“有”。

僧维又问：学者若致力于学，希望借此与“无”同一，他是否会逐渐进步呢？如果不逐渐进步，他又何必学呢？如果是逐渐进步，岂不就是渐悟吗？谢灵运答：致力于学，在压制心中的污垢方面，会有积极效果。这样的压制，好像是消灭了污垢，实际上并没有消灭。只有一旦顿悟，才能“万滞同尽”。

僧维又问：学者若致力于学，能否与“无”暂同呢？如果能够，暂同也胜于完全不同，这岂不就是渐悟吗？谢灵运答：这样的暂同，只是假同。真同在本性上是永久的。把暂同当成真同，就跟把压制心中的污垢当成消灭心中的污垢，是一样的谬误。

《辩宗论》附有道生的《答王卫军书》，这封信完全赞成谢灵运的论点。《辩宗论》载在道宣（596—667）编的《广弘明集》中（卷十八，载《大正新修大藏经》卷五十二）。

道生还有一个理论，主张“一切众生，莫不是佛，亦皆涅槃”（《法华经疏》），即每个有感觉的生物都有佛性，或宇宙的心。他的关于这个问题的论文也失传了，他这方面的观点还散见于几部佛经的注疏里。从这些注疏看来，他认为众生都有佛性，只是不认识自己有佛性。这就是“无明”。这种“无明”使之陷入生死轮回。因此他必须首先认识到他有佛性，佛性是他本性里面本有的，然后通过学习和修行，自己“见”自己的佛性。这个“见”便是顿悟，因为佛性不可分，他只能见其全体，或是毫无所见。这样的“见”也就意味着与佛性同一，因为佛性不是可以从外面看见的东西。这个意思就是道生所说的“返迷归极，归极得本。”（《涅槃经集解》卷一）得本的状态，就是涅槃的状态。

但是，涅槃并不是外在于、迥异于生死轮回，佛性也不是外在于、迥异于现象世界。一旦顿悟，后者立刻就是前者。所以道生说：“夫大乘之悟，本不近舍生死，远更求之也。斯在生死事中，即用其实为悟矣。”（语出僧肇《维摩经注》卷七）佛家用“到彼岸”的比喻，表示得涅槃的意思。道生说：“言到彼岸：若到彼岸，便是未到。未到、非未到，方是真到。此岸生死，彼岸涅槃。”（同上，卷九）他还说：“若见佛者，来见佛也。不见有佛，乃为见佛耳。”（同上）

这大概也就是道生的佛无“净土”论的意思。这是他的又一个理论。佛的世界，就正在眼前的这个世界之中。

有一篇论文题为《宝藏论》，传统的说法说是僧肇所作，很可能不是他作的。其中说：“譬如有人，于金器藏中，常观于金体，不睹众相。虽睹众相，亦是一金。既不为相所感，即离分别。常观金体，无有虚谬。喻彼真人，亦复如是。”（《大正新修大藏经》卷四十五）意思是说：假设有个人在贮藏金器的宝库内，看见了金器，但是没有注意金器的形状。或者即使注意了金器的形状，他还是认出了它们都是金子。他没有被各种不同的形状所迷惑，所以能够摆脱它们的表面区别。他总是看得出它们内含的本质是金子，而不为任何幻象所苦。这个比喻说明了真人是什么。

这个说法，可能不是出于僧肇；但是作为比喻，后来佛家经常使用。佛性的实在性本身就是现象世界，正如金器的本身就是金子。现象世界之外别无实在性，正如金器之外别无金子。有些人，由于“无明”，只见现象世界，不见佛性的实在性。另有些人，由于觉悟，见到佛性，但是这个佛性仍然是现象世界。这两种人所见的都是同一个东西，但是觉悟的人所见的，与无明的人所见的，具有完全不同的意义。这就是中国佛学常说的：“迷则为凡，悟则为圣。”

道生的理论中，还有“一阐提人（即反对佛教者）皆得成佛”义。这本是一切有情皆有佛性的逻辑结论。但是这与当时所见的《涅槃经》直接冲突，由于道生提出此义，就将他赶出首都南京。若干年后，当大本《涅槃经》译出后，其中有一段证实了道生此义。慧皎（554年卒）在道生的传记中写道：“时人以生推阐提得佛，此语有据；顿悟、不受报等，时亦宪章。”（《高僧传》卷七）

慧皎还告诉我们，道生曾说：“夫象以尽意，得意则象忘；言以诠理，入理则言息。……若忘筌取鱼，始可与言道矣。”（同上）这也就是《庄子》说的：“筌者所以在鱼，得鱼而忘筌；蹄者所以在兔，得兔而忘蹄。”（《庄子·外物》）中国哲学的传统，把用词叫做“言筌”。按照这个传统，最好的言说是“不落言筌”的言说。

我们已经知道，在吉藏“二谛义”中，到了第三层次，简直无可言说。在第三层次，也就没有落入言筌的危险。可是道生说到佛性时，他几乎落入言筌，因为他把它说成了“心”，他给人一种印象：定义的限制还可以加之于它。在这方面，他是受了《涅槃经》的影响，《涅槃经》很强调佛性，所以他接近性宗（“宇宙的心”宗）。

由此可见，在道生时代，已经为禅宗作了理论背景的准备。可是禅宗的大师们，仍然需要在这个背景上，把本文所讲的各项理论，纳入他们的高浮雕之中。

在以上所说的理论中，也可以发现几百年后的新儒家的萌芽。道生的人皆可以成佛的理论，使我们想起孟子所说的“人皆可以为尧舜”。（《孟子·告子下》）孟子也说：“尽其心者，知其性也。知其性，则知天矣。”（《孟子·尽心上》）但是孟子所说的“心”、“性”，都是心理的，不是形上学的。沿着道生的理论所提示的路线，给予心、性以形上学的解释，就达到了新儒家。

“宇宙的心”的观念，是印度对中国哲学的贡献。佛教传入以前，中国哲学中只有“心”，没有“宇宙的心”。道家的“道”，虽如老子所说，是“玄之又玄”，可是还不是“宇宙的心”。以后，在中国哲学中，不仅有“心”，而且有“宇宙的心”。

中国佛教哲学

杜继文

人生的本质是什么？是什么原因产生了人本身，并使他成为现有的模样？佛教的“五蕴”教义说，人生的本质是不自由，是苦；因为人受诸物质和精神条件的制约，生灭无常，没有属于自身存在的独自性和永恒性。

佛教有多层次的结构。作为一种观察世界和指导实践的思想体系和思维方法，它的哲学是制约它的其他层次的核心，在中国哲学思想的发展史上，占有特殊的重要地位。可以说，不了解佛教的世界观，就无法全面把握汉魏以来的中国哲学。

佛教有很多派别，有各种不同的哲学体系，在不同的历史时期和社会阶层中，表现和影响也不尽相同。因此，同中国传统哲学的关系，显得错综复杂。就总体言，中国传统的哲学重经验认识，轻理论思维，注意对生活自身的探讨，轻视思考彼岸的问题。孔子说，“未知生，焉知死”，是有代表性的言论；老子的哲学，就只从“天地之始”、“万物之母”讲起，天地万物之前一片朦胧；庄子更干脆：“六合之外，圣人存而不论”，所以对本体论问题，缺乏系统的论述，通行的宗教观念，也比较粗糙。在这些方面，佛教哲学作了相当精细的补充。

首先是关于人生的本原问题。佛教在中国大规模传播，开端于东汉末年的战乱瘟疫和饥馑的年代。普遍的痛苦和生命的危机，很容易引起人们对人生价值的重新思索：人生的本质是什么？是什么原因产生了人本身，并使他成为现有的模样？佛教的“五蕴”教义说，人生的本质是不自由，是苦；因为人受诸物质和精神条件的制约，生灭无常，没有属于自身存在的独自性和永恒性。“十二因缘”的教义还说，人的真正本原，不是传统上讲的“阴阳合气”、“父母构精”之类，而是出于思想糊涂，沉沦情欲。人只是自身思想行为的产物；每个人的现世命运，乃是前世思想行为的结果。人际间的贫富寿夭，社会的不平等现象，都是“因果报应”的表现。把这种“因果报应”进一步夸大成为支配社会人生的神秘主义铁律，就构成了佛教的宗教基础。

从表面上看，中国传统的宗教观念中也有“因果报应”的成分。但传统的报应说，是建立在“天道”观上，所谓“天道福善祸淫”；报应的主体不是行为者本人，而是他的家庭和子孙，所谓“积善之家必有余庆，积不善之家必有余殃”。佛教反对此说，主张自作善恶自受苦乐，个人行为，个人承担后果。这种思想，曾在士大夫中间引起强烈反响，而后一直成为中国宗教观念中最有影响力的一种。

特别为“因果报应”作哲学论证的，是佛教中的小乘有宗。有宗的思想，在中国流传的时间很长，早期称作“禅数学”，而后叫做“毗昙学”。它以“法体恒有”、“三世实有”为自己的理论支柱，其实所指，是物种不灭、概念实有：任何个体，都有生灭变化，但这种变化，只是它的物种在特定条件下的显现，物种自身是不变的。表达物种的是一般概念，所以概念也是实在的。这种观点，在唯见四季轮转，周而复始的古代人那里，很容易被接受，所以也有许多士大夫著文发挥，并直接应用于“形散神不灭”的论证。

到东晋南北朝，围绕着有神论和无神论曾掀起过两次很大的争论。第一次发生在佛教内部：正当东晋僧慧远在庐山倡导“毗昙学”，著文论证“神不灭”的前后，龟兹僧鸠摩罗什在长安译介大乘空宗经论，严厉批驳此前所传佛教中的“存神”之文，既否认有永恒不灭的“识神”，也反对实有“自在天”等“天神”。与此相应，还全面清算了“说一切有”的哲学体系。鸠摩罗什称慧远的理论，形同“戏论”，而慧远的主张，事实上成了中国佛教的主流。第二次争论，发生在南朝宋、齐、梁三代的世俗统治层。一部分统治者把佛教视为控制民心，稳定社会的法宝，力主三世因果，精灵不死；一部分统治者认为，对佛教不可迷信到失去理智的程度，所以驳斥因果报应，而论证“形谢神灭”。战斗的唯物主义者范缜，就是在这样的背景下写成他的《神灭论》的。

其次，是关于人的认识能力问题。早期流传于中国的大乘思想主要是般若一类经典，或称般若学；经过鸠摩罗什介绍印度中观派论著，亦称“三论学”；中国的三论宗，就是从这个体系中发展起来的。

般若学的基本特征，是否认人的认识能力。在它看来，认识的本质是矛盾，而矛盾就是荒谬和虚妄。语言概念不是沟通客观世界的桥梁，而是达到真理的主要障碍。世人要把握世界的真实面貌，是完全不可能的。因此，凡认识涉及的范围，都属幻化不实，此即谓之“空”。据此，它拒绝承认客观真理和绝对真理；真理只是就其对人有用有利而言，总是相对的，多重的。据此，它也否定一切权威，不管是世俗的还是神圣的，全在它破除之列。这种思想倾向，在社会全面危机的条件下，对知识阶层有不小吸引力。魏晋玄学，尤其是那种轻蔑礼法、放诞不羁的风气，很自然地同般若学合为一种潮流，“三玄”与“大小品”共讲说，名士与名僧并研习，士大夫向高僧问学，《老》、《庄》用佛理作解，大约时兴了三百余年。

般若学的研究，激发了人们理论兴趣，对于推动传统哲学转向抽象思辨，起了巨大作用。它在诡辩中含有的辩证法因素，对防止思想僵化有积极意义。它与《庄子》的相对主义相呼应，形成了一种波及很久的处世哲学，即所谓无是非观和混世主义。

第三，关于世界的本体问题。般若学解释现实世界的根源是“忆想分别”。把这一思想扩大和系统了的是“唯识学”。唯识学的标准命题是“三界唯心”、“唯识无境”：在人的认识之外，没有任何实在性可言，凡是存在的，都是精神的产物。它考察了认识的变动性和差别性，揭示了不同观念间的对立，大大发挥了认识的主观方面。它很注意对宗教心理和病态心理的分析，并能利用感觉经验的片面性和“因明”逻辑的缺陷，论证它的观点。它对发掘认识的主观方面有独到之处，有助于对精神活动的全面认识。但是，由于它突出地强调了向内心探求真理，向内心寻求解脱，从而强化了古代哲学走内省路线的倾向。

倡导唯识学的早期代表，在北朝属“地论师”，在南朝是“摄论师”。他们把世界的最后本原虽然都归结为“一心”，但这“心”的性质，却有迥然不同的规定。有说是纯净的，有说是杂染的，争议纷纷，从南北朝一直绵延到两宋。在印度，这些唯识学统属瑜伽行派，唐玄奘作了重点译介，由此形成了慈恩宗。实际上，中国的佛教派别，没有一个不接受唯识的世界观的。

第四，关于彼岸世界的问题。佛教大乘中有阿弥陀净土和弥勒所居兜率天宫两个彼岸的世界，为某些僧俗所信仰。对中国哲学影响较大的，则是哲理化了的彼岸世界，即“涅槃”、“法身”和“佛性”。

“涅槃”的本意是熄灭烦恼，而后被说成有“常乐我净”四种属性的理想境界。对涅槃的这种解释，曾使呻吟在“无常、苦、无我、不净”中的小乘说教和困惑于一切破灭的般若学说中的僧侣们兴奋一时，信心陡增。所谓“常”指永恒，“乐”指幸福，“我”指自由，“净”指高洁。这样的宗教王国，对近代的社会思想仍有影响。梁启超就曾以“涅槃”的这些属性作为“大同”世界的说明。

所谓“法身”，原指释迦牟尼死后，他讲的道理永垂不朽。后来，佛家道理被神秘化，变成了一种无所不在的超自然力量，它既能遍在于一切事物并成为事物的共同本质，又能随机变化，呈现为各种人神；它既是世间一切现象的制约者，又是一切善净、出世间的客观依据。佛徒的一切修习，最终要达到与“法身”合一。作为一种哲学观点，对宋明理学中主张“理在事先”的客观唯心主义影响很大。

所谓“佛性”，是指成佛的原因、根据和可能性，有时被视作“法身”的体现，有时被认为是人所共有的“智慧”，或“心性”的本质规定。佛性论者高唱“一切众生悉有佛性”、“皆能成佛”，要求把人生的全部活动都纳进促使“佛性”实现的轨道。这种思想同儒家的“性善”、“尽性”说和“先知先觉”说融通起来，成了宋明理学中以“心即是理”的主观唯心主义的重要来源。

宋明理学是中国哲学发展上的一个重大转变。这一转变受佛教哲学的巨大影响，是学界所公认的。但这种影响，不能归结为只是佛教的个别派别。佛教发展到晚唐，各派在思想上相互吸收，与儒道的融合也形成潮流，所以供给两宋世人的思想资料，也是综合的、杂乱的。

由于宋明理学从儒家立场对佛教哲学作了系统的改造，并成了后期封建社会的统治思想，佛教在理论上即再无甚大的发展。直到近现代，在一部分资产阶级改良派和个别革命派的思想家中，佛教哲学也还被提倡了一阵。他们把佛教哲学看成是发挥人的能动作用，振奋民族精神，改造国民性的手段之一。但是，由于近现代社会的激烈变动，使这股颇带佛教复兴色彩的微波，很快就从时代的大潮流中消失了。

禅　语

内不见有我，则我无能；外不见有人，则人无过。一味痴呆，深自惭愧；劣智慢心，痛自改革。（藕益大师）

篱菊数茎随上下，无心整理任他黄；后先不与时花竞，自吐霜中一段香。（诵帚禅师）

禅家的语言

朱自清

> 否定是站在语言的高头，活用是站在语言的中间；层次不同，说不到矛盾。明白了这个道理，才知道如何活用语言。

我们知道禅家是“离言说”的，他们要将嘴挂在墙上。但是禅家却最能够活用语言。正像道家以及后来的清谈家一样，他们都否定语言，可是都能识得语言的弹性，把握着，运用着，达成他们的活泼无碍的说教。不过道家以及清谈家只说到“得意忘言”，“言不尽意”，还只是部分的否定语言，禅家却彻底的否定了它。《古尊宿语录》卷二记百丈怀海禅师答僧问“祖宗密语”说：

> 无有密语，如来无有秘密藏。但有语句，尽属法之尘垢。但有语句，尽属烦恼边收。但有语句，尽属不了义教。但有语句，尽不许也，了义教俱非也。要讨什么密语！

这里完全否定了语句，可是同卷又记着他的话：

> 但是一切言教只如治病，为病不同，药亦不同。所以有时说有佛，有时说无佛。实语治病，病若得瘥，个个是实语，病若不瘥，个个是虚妄语。实语是虚妄语，生见故。虚妄是实语，断众生颠倒故。为病是虚妄，只有虚妄药相治。

又说：

> 世间譬喻是顺喻，不了义教是顺喻。了义教是逆喻，舍头

目髓脑是逆喻，如今不爱佛菩提等法是逆喻。

虚实顺逆却都是活用语言。否定是站在语言的高头，活用是站在语言的中间；层次不同，说不到矛盾。明白了这个道理，才知道如何活用语言。

北平《世间解》月刊第五期上有顾随先生的《揣龠录》，第五节题为《不是不是》，中间提到“如何是（达摩）祖师西来意”一问，提到许多答语，说只是些“不是，不是！”这确是一语道着，斩断葛藤。但是“不是，不是！”也有各色各样。顾先生提到赵州和尚，这里且看看他的一手。《古尊宿语录》卷十三记学人问他：

问：“如何是赵州一句？”师云：“半句也无。”学云：“岂无和尚在？”师云：“老僧不是一句。”

卷十四又记：

问：“如何是一句？”师云：“道什么？”问：“如何是一句？”师云：“两句。”

同卷还有：

问：“如何是目前一句？”师云：“老僧不如你！”

这都是在否定“一句”，“一句”“密语”。第一个答语，否定自明。第二次答“两句”，“两句”不是“一句”，牛头不对马嘴，还是个否定。第三个答语似乎更不相干，却在说：不知道，没有“目前一句”，你要，你自己悟去。

同样，他否定了“祖师西来意”那问语。同书卷十三记学人问“如何是祖师西来意”？

师云：“庭前柏树子。”

卷十四记着同一问语：

师云：“床脚是。”云：“莫便是也无？”（就是这个吗？）

师云：“是即脱取去。”（是就拿下带了去。）

还有一次答话：

师云：“东壁上挂葫芦，多少时也！”

“即心即佛”，“非心非佛”，“祖师西来意”是不可说的。这里却说了，说得很具体。但是“柏树子”，“床脚”，“葫芦”，这些用来指点的眼前景物，可以说都和“西来意”了不相干，所谓“逆喻”，是用肯定来否定，说了还跟没有说一样。但是同卷又记着：

问：“柏树子还有佛性也无？”师云：“有。”云：“几时成佛？”师云：“待虚空落地。”云：“虚空几时落地？”师云：“待柏树子成佛。”

既是“虚空”，何能“落地”？这句话否定了它自己，现在我们称为无意义的话。“待柏树子成佛”是兜圈子，也等于没有说，我们称为丐词。这些也都是用肯定来否定的。但是柏树子有佛性，前面那些答话就又不是了不相干了。这正是活用，我们称为多义的话。

同卷紧接着的一段：

问：“如何是西来意？”师云：“因什么向院里骂老僧！”云：“学人有何过？”师云：“老僧不能就院里骂得阇黎。”（阇黎＝师）

又记着：

问：“如何是西来意？”师云：“板齿生毛。”

这里前两句答话也是了不相干，但是不是眼前有的景物，而是眼前没有的事；没有的事是没有，是否定。但是“骂老僧”、“骂阇黎”就是不认得僧，不认得师，因而这一问也就是不认得祖师。这也是两面儿话，或说是两可的话。末一句答话说板牙上长毛，也是没有的事，并且是不可能的事；“西来意”是不可能说的。同卷还有两句答话：

师云：“如你不唤作祖师，意犹未在。”

这是说没有“祖师”，也没有“意”。

师云：“什么处得者消息来！”

意思是跟上句一样。这都是直接否定了问句，比较简单好懂。顾先生说“庭前柏树子”一句“流传宇宙，震烁古今”，就因为那答话里是个常物，却出乎常情，却又不出乎禅家“无多子”的常理。这需要活泼无碍的运用想像，活泼无碍的运用语言。这就是所谓“机锋”。“机锋”也有路数，本文各例可见一斑。

谈谈汉译佛教文献

金克木

看到我国的古代、近代、现代的资料在国际上日益成为研究热门，而我们自己视而不见，充耳不闻，我总觉得不愉快。当然我不是不想要外国人研究，而是觉得我们应当有资格、有权利也参加一份。

大约三十多年前，我住在印度的佛教圣地鹿野苑的招待香客的“法舍”里。那地方是乡下，有两座佛教庙宇，一座耆那教庙宇，一所博物馆，一处古塔的遗址和一段有阿育王铭刻的石柱，还有一个图书室。这图书室里有一部影印的碛砂板佛教藏经，我发现这几乎无人过问的书以后，就动手在满是尘土的一间小屋子里整理，同时也就一部一部翻阅。这只能叫做翻阅，因为我当时读书不求甚解，而且掉在印度古语的深渊中不能自拔，顾不上细读这浩瀚而难懂的古代汉译典籍。可是，我也随手作了一点笔记，取名为《鹿苑读藏记》，当然不过是记给自己看的。那时钻在中外故纸堆中“发思古之幽情”，居然还诌成一首旧诗：

西行求法溯千年，绝域孤征向五天。
万顷惊砂欺衲破，千寻浊浪试心虔。
争知胜业空今古，应有嘉名耀简编。
寂寞何堪尘土里，徒余脉望识神仙。

不用说，我那时的生活和心情都是应当受到批判的。解放后，我认识到这一点，所以就毫不吝惜地对过去这些告别了。前些年，由于种种原因，早已扔在一边的所谓《鹿苑读藏记》也随同其他故纸一起，被我像送瘟神一样送掉了。当时为了卸下包袱轻装前进，这也是“题中应有之义”，不能归咎他人，也无须“反求诸己”。这是实话。

可是，这成堆的古代翻译是不是还会有人看呢？这当然用不着我操心。然而积习未忘，有时不免想到，是不是要有新的《阅藏知津》或“佛藏书目答问”之类的书，好让非宗教信仰者和非宗教研究者也能略知一二？“愿者上钩”，“各取所需”，这样的读者大概需要有一个显示内容的“向导”。现有的各种版本的佛藏都是照各宗派的观点分门别类，各有一套分法，并不依现代知识排列；外行查考不易，内行又少有人为外人指点非宗教的入门之道。索引和词典还不能解决问题，因为书名、篇目、专名、术语等不能说明书的内容。提要如《阅藏知津》又不指示门径次第。我想这些古董大概只有充实藏书楼、博物馆和展览会的作用了。

然而，人类的文化遗产并不能为一个民族所独占，现代各门学术都国际化了。印度的佛教古籍并不只属于印度。巴利语的佛典有泰国、缅甸、斯里兰卡、印度等国字母以至罗马（拉丁）字母的排印本。汉译佛典及其注疏除我国的各种旧版外，还有日本的刊行本。藏译的佛典，“甘珠尔”、“丹珠尔”，除我国的德格版、奈塘版、北京版等外，外国也在影印出版（德格版的?）。梵语及混合梵语的原本也陆续不断发现并刊行。

国际上早已知道，有很多古写本现在还藏在我国的西藏和新疆，外国人弄去的只是其中一部分；他们已出版了不少，有些还在逐渐校刊中。作这些工作的并不都是佛教信徒，其中有些是学者，不信佛教，有的人甚至不信任何宗教。他们为各种各样的动机和目的而钻研这些古董。研究宗教典籍的不一定是嗜好宗教鸦片的瘾君子，也不一定是反宗教的人物。

因此，我想，谈谈这庞大的佛教文献未必就是给鸦片作广告吧？假如烟之不存，自然也不必宣传戒烟，可惜这还只是理想。这且不谈，汉译佛经本出在我国，国际上引用的却总是日本的“大正藏”。引书目的前多年也是引用日本南条文雄译的《大明三藏至教目录》（英文）；后来又引用印度师觉月的《中国佛藏》（法文），我总觉得有点不好意思，好像看到我国创始的围棋在国际上用的名称是日本语的GO一样。看到我国的古代、近代、现代的资料在国际上日益成为研究热门，而我们自己视而不见，充耳不闻，我总觉得不愉快。当然我不是不想要外国人研究，而是觉得我们应当有资格、有权利也参加一份。若是只有自己人干的才算数，别人干的都不算数，那恰恰是宗教教派的狭隘心理。幸而这些年来我国还是有人以科学态度认真研究各种宗教；至于我，对佛书虽经过几十年的隔离，竟还想提起谈谈，那只能说是旧习难除而已。

话说回来，不信任何宗教只信科学而想读佛书（只指汉译），从何下手？我想首先要知道这是长期积累和发展的、有各种不同内容的、复杂的古代文献，译文也是不同时、地、人所出。原文和译文都有许多重复、交叉。据支那内学院1945年《精刻大藏经目录》统计，连“疑伪”在内，有1494部，5735卷；如果把秘密部的“仪轨”咒语等除开不算（一般人不懂这些），就只有1094部，5046卷。欧阳竟无1940年为“精刻大藏经”写的《缘起》中说，除去重译，只算单译，经、律、论、密四部共只有4650卷。这比二十四史的三千多卷只多一半，并不比我国的经、史、子（除释、道外）的任何一部更繁，更比不上“汗牛充栋”的集部了。这毕竟只是印度古书中的一部分。佛教在古代印度也只是其宗教之一，只是其社会文化的一个方面。

宗教信仰是意识形态，但宗教活动不仅是思想和信仰。宗教是一种社会现象；也许可以说，古代社会有某种矛盾，由此有群众性的宗教活动，然后出现了系统化的教理。教会是主要的，宗教的各种社会性组织及活动是宗教的实体。所以宗教的理论教条是后起的，甚至其中有的同它的社会活动历史脱节以至矛盾。与其说教祖创造教义而后建教会，毋宁说是由社会矛盾而兴起教会，由此产生教义及教祖。有些宗教运动并没有系统教理。如果说宗教是教祖个人所创造，仅是极少数人长期愚弄、欺骗大多数人的，恐怕不像是唯物主义说法。

依照上述这一看法，而且历史和传说也是说佛去世以后佛教徒才开几次大会“结集”经典，那么，这些打着佛教标记的文献当然与佛教教会（佛教叫“僧伽”，意译是“和合众”）密切有关。既然如此，它就可以大别为二类，一是对外宣传品，一是内部读物。（这只是就近取譬，借今喻古，以便了解；今古不同，幸勿误会。）不但佛书，其他古书往往也有内外之别。讲给别人听的，自己人内部用的，大有不同。这也许是我的谬论，也许是读古书之一诀窍。古人知而不言，因为大家知道，我则泄露一下天机。古人著书差不多都是心目中有一定范围的读者的。所谓“传之其人”，就是指不得外传。远如《易经》，当然最初只是给卜筮者用的，《说卦》、《序卦》也不是为普通人作的。近如《圣谕广训》，大约五十多年前，已经是民国了，我还在安徽的一个小县城听到有人夜间在街道上煤油灯下用说唱故事形式宣讲，仿佛是唐朝的“俗讲”。那书叫《宣讲拾遗》。这可谓普及老百姓之书了。然而皇帝和贵族大臣们自己并不听那一套皇帝“圣谕”，也不准备实行，那些是向黎民百姓“外销”的。这大概是封建社会里的通常现象，中国印度皆然。

佛教文献中的“经”，大多是为宣传和推广用的。《阿弥陀经》宣传“极乐世界”，《妙法莲花经》大吹“法螺”，其中的《普门品》宣扬“观世音菩萨救苦救难”，都明显是为扩大宣传吸收信徒用的。还有丛书式的四《阿含》经、《大集经》、《宝积经》，甚至《华严经》、《般若经》也大部分似对内，实对外。还有“内销”转“外销”的，如《心经》（全名是《般若波罗蜜多心经》），本来是提要式的口决，连“十二缘生”都只提头尾两个，可见是给内部自用的；大概因为其中说了“度一切苦厄”和“能除一切苦”，又有神秘的咒语，便成为到处配乐吟唱应用的经文，也用来超度死人和为早晚做佛事之用了。此外，许多讲佛祖传记和“譬喻”故事的，包括著名的《百喻经》，都是对外宣传品。

“内部读物”首先是“律”。各派自有戒律，本是不许未受戒者知道的。原来只有些条文（“戒本”），其他应是靠口传，不对外的。可是有些派别的戒律也都译出来了。晋朝的法显和唐朝的义净还“愤经律残缺”，远赴西天，又求来两派的。一个得来《摩诃僧祇律》，一个得来《根本说一切有部律》。加上另两派的《四分律》、《五分律》，以及《十诵律》，都是几十卷的巨著，不但有律文，还有案例。法显、义净译的两部书的梵语原本近年来已发现并刊行了；可惜我没有见到书，不知是否有汉译这样多。这类“不得外传”的书对于现在喜欢文学和历史的读者当然很有意思，可是其中有的部分仿佛是“暴露文学”，确实是“不足为外人道也”。记述佛教内部分裂成为一些山头派别的，除律中的“破僧”事以外，还有《异部宗轮论》（另有两译），也不会是给外人看的。

算在“论”里的一些理论专著，有的实是词典，如《阿毗达磨集论》，或百科全书，如《阿毗达磨俱舍论》。“俱舍”就是库藏，现代印度语中这词就指词典。有的是以注疏形式出现的百科全书，如《大智度论》。有的是本派理论全集，如《瑜伽师地论》。还有类似这两种的，如《发智论》和《大毗婆沙论》。有的是理论专著或口诀，如《解脱道论》（巴利语本为《清净道论》）、《辩中边论》、《唯识三十论》、《因明入正理论》。有的是内部辩论专著，如《中论》、《百论》。有的是专题论文，如《观所缘缘论》。还有两部不属佛教的理论书，《金七十论》和《胜宗十句义论》，更是供佛教徒内部参考了。这些都是有一定范围的读者对象的。著书的目的本不是为普及，所以满纸术语、公式，争论的问题往往外人看不出所以然。“预流”的内行心里明白，“未入流”的外行莫名其妙。

至于秘密部的经咒，本身当然是对内的，而应用却往往对外，借以壮大声势，提高神秘莫测的地位。这究竟是怎么回事？所有只供应内部的书，包括以上所说各类，其内容都是不便对外人说的。我不敢说知道，自以为知道的也不敢对外说；“内外有别”，说出来怕会招致“内外夹攻”，何苦来呢？真想知道的自会硬着头皮往里钻，不致无口可入，用不着我多嘴。

佛教文献一般分为“经”、“律”、“论”三藏，这是就形式而言，循名求实则往往不然。例如《入楞伽经》、《解深密经》，实际是讲宗教哲学的“论”，只形式上是“经”。无论为教内或教外，应当有一个经过整理的编目，删芜，去复，分门，别类，标明所崇佛或菩萨的教派，分出各主要哲学体系，不受宗派成见束缚，指出其内容要点，说明各书间关系，列举已刊或待刊的原本或同类的原书以及各种语言的译本。那样一来，全部文献的情况就比较清楚了。然而此事谈何容易。“我佛慈悲”，也许二十一世纪国际学术界会有这样的书出现吧？也许早已有之，而我孤陋寡闻不知道吧？

有一点应当指出，佛教理论同其他宗教的理论一样，不是尚空谈的，是讲修行的，很多理论与修行实践有关。当然这都是内部学习，不是对外宣传的。在“律”中不但讲教派历史，讲组织纪律，还为修道人讲医药。还有用心理方法治疗精神病的《治禅病秘要经》之类，以及一些治病和驱鬼的咒语。这些都是在山林中修道所必需的。当然治病咒语也可对外。出家人生活多半要靠人施舍，所以“布施”列于“六波罗蜜多”之首。佛教也是很讲究实际效果的，否则早就完了，更谈不上流传到印度以外了。至于佛教后来为什么在印度本国消亡而在外国发展，则是另一问题。

这里还想罗嗦几句关于汉译佛教文献的语言的话。

说到文体，汉译佛典大部分是六朝和隋唐的，能读那时文章的人不会有大困难。问题在于其术语或行话。任何一行都有行话。若要求所有的书都只讲日常生活口头应用的语言，人人都懂，那样的普及只能取消一切专科行业，也是办不到的。工农商学兵都有自己的行话，宗教何独不然？科学中也是“隔行如隔山”。语言的基本符号单位是词，词各有所指，像数学符号、化学元素符号等一样。不过佛教特别喜欢用各种术语，又喜欢计数，这也是印度习惯。他们的逻辑也是公式化、教化得很。佛教为超脱死，要追溯生，从成胎到生产的经历都一一计算，仿佛讲产科医学。分析心理越来越细。佛、菩萨称号越来越多。上自天文，下至地理，无不涉及。这真好像是对记忆力抽所得税。可以说是存心不让外行懂的。汉译的译名又不统一，如“观自在”即“观世音”，“五阴”就是“五蕴”，还有时忽译音、忽译义。最难人的是有的印度习惯语也硬搬过来。在玄奘译的一部“论”中（忘记是否《成唯识论》了），忽然冒出一句“天爱宁知……”，真是天知道！佛教称一般的神为“天”，即天神。“天神所喜爱的”本是阿育王的头衔，后来却成了一个习惯语，即傻瓜。这句话是作者与对方辩论时动了肝火，说“你这个傻瓜怎么能知道……”。玄奘当年用古汉语照字直译出来就有点神秘莫测了。好在这种地方还是有限的。若是只想欣赏文学故事，倒比读六朝文难不了多少。至于“四谛”、“六度”之类不过是简化符号。我们现在不也用“三反”、“五反”、“整风”、“反右”、“四化”之类从字面看不明白的符号式的词吗？知道了那一套符号的涵义，熟悉了公式，弄懂佛教语言并没有多大困难。不过要讲哲学和修行要道，明白其中讲的究竟是什么，那还是要花点工夫，好像学数理化和一门外国语一样，急躁不得。当然，若只是要定性，倒也不难。只要判其为主观唯心主义还是客观唯心主义，形而上学还是带有一点辩证法因素，纯粹的信仰主义还是夹杂着一点朴素的或机械的唯物因素，定其历史背景和阶级属性，指出其对劳动人民的欺骗和危害及为剥削阶级服务的反动本质，或则再同杜林、贝克莱、马赫、黑格尔、康德等对对号，都无不可；反正马克思主义以前的哲学总是反动、错误、有局限性就是了。如果简单化了去看，什么佛教文献，无非是“满纸荒唐言”，任凭批判，好在印度古人不会还口。

还有一点要说。一九七六年欧洲出了一本《西藏语法传统研究》。由此提出了一个问题：和梵语语系截然不同的藏语如何能应用梵语的语法体系来构成自己的语法呢？我们由此自然会想到《马氏文通》。汉语和拉丁语也是构造大不相同，何以能用拉丁语法的格式讲汉语语法呢？利用印欧语系的语法格式讲汉语的何止这一部？一向我们以为这不过是削足适履，可是帽子总是不能当鞋穿吧？既然说的通，就必有共同之处（不见得就是现代语言学所谓“深层结构”）。梵藏和梵汉的翻译可以作为大量研究材料。

这里说一个例子。梵语有复杂的词尾变化，而汉语却不然；可是梵语的复合词是去掉前面的词的语尾的。梵语复合词越来越长，就越来越像古汉语。汉语直译梵语，不过是割去梵语词的尾巴，而这在梵语复合词中已经如此。再就不复合的词说一个例子。佛经开头一句公式化的“如是我闻”中，后两字中，原文的“我”是变格的“被我，由我”，“闻”是被动意义的过去分词，中性，单数，两词连起来是“被我听到的”。这在古汉语中照原词义和原词序用“我闻”就表达了“我所听到的”，可以不管原来的语形变化。梵语的书面语发展趋势是向古汉语靠近，表示词间关系的尾巴“失去”成为待接受对方心中补充的“零位”（数学用语）或“虚爻”（占卜用语）。同时，由所谓“俗语”转变为现代印度语言的口语发展趋势则向现代汉语接近，性、数、格之类词形变化简化甚至失去，而增加表示词间关系的词。这可以说是语言的历史发展中的有趣现象吧，可惜似乎还不见有人认真作比较研究。

采用直译、“死译”或“硬译”方式的汉译和藏译佛教文献中有不同语系的语言对比问题，有翻译中的语言学问题。近二十年来国际上各门科学都蓬勃开展新的探索，可能语言学也会很快把这类研究提出来了。中国人应当更有方便吧？有志之士“盍兴乎来”。——当然要谨防中毒。勿谓言之不预也。

实在不应再谈了。但在佛教文献的大门上，我想还要写上马克思引用过的，诗人但丁在地狱门上标示的话：

> 这里必须根绝一切犹豫；
> 这里任何怯懦都无济于事。

晚清集

弘　一

粉骨碎身，唯心莫动。收拾自心如一尊木雕圣像坐在堂中，终日无人亦如此，幡盖簇拥、香花供养亦如此，赞叹亦如此，毁谤亦如此。修行人常常心上无事，时时刻刻体究自己本命元辰端的处。（盘山禅师）

○若失本心，即当忏悔。忏悔之法，是为清凉。（《金刚三昧经》）

○菩萨若能随顺众生，则为随顺供养诸佛。若于众生尊重承事，则为尊重承事如来。若令众生生欢喜者，则令一切如来欢喜。（《华严经·普贤行愿品》）

○我若多瞋及怨结者，十方现在诸佛世尊皆应见我，当作是念："云何此人欲求菩提，而生嗔恚，及以怨结？此愚痴人，以瞋恨故，于自诸苦不能解脱，何由能救一切众生？"（《华严经·修慈分》）

○迦叶白佛："我等从今，当于一切众生，生世尊想；若生轻心，则为自伤。"佛言："善哉快论！"（《首楞严三昧经》，依《宝王论》节文）

○应代一切众生受加毁辱，恶事向自己，好事与他人。（《梵网经》）

○离贪嫉者，能净心中贪欲云翳，犹如夜月，众星围绕。（《理趣六波罗蜜多经》）

○生死不断绝，贪欲嗜味故；养怨入丘冢，虚受诸辛苦。（《大宝积经·富楼那会》）

○是身如掣电，类乾闼婆城；云何于他人，数生于喜怒？（《诸法集要经》）

○瞋恚之害，则破诸善法，坏好名闻；今世后世，人不喜见。

（《佛遗教经》）

○行少欲者，心则坦然，无所忧畏；触事有余，常无不足。（《佛遗教经》）

○身语意业不造恶，不恼世间诸有情。正念观知欲境空，无益之苦当远离（《有部律》周利盘陀伽尊者，三月不能诵得，即此伽陀也）。

○名誉及利养，愚人所爱乐，能损害善法，如剑斩人头。（《有部律》）

○世间色声香味触，常能诳惑一切凡夫，令生爱著。（智者大师）

○瞋是失佛法之根本，坠恶道之因缘，法乐之冤家，善心之大贼，种种恶口之府藏。（智者大师）

○凡夫学道法，唯可心自知，造次向他道，他即反生诽。谛观少言说，人重德能成，远众近静处，端坐正思惟。但自观身行，口勿说他短，结舌少论量，默然心柔软。无知若聋盲，内智怀实宝，头陀乐闲静，对修离懈惰。（道宣律师）

○处众处独，宜韬宜晦；若哑若聋，如痴如醉；埋光埋名，养智养慧；随动随静，忘内忘外。（翠岩禅师）

○我且问你，忽然临命终时，你将何抵敌生死？须是闲时办得下，忙时得用，多少省力。休待临渴掘井，做手脚不迭，前路茫茫，胡钻乱撞。苦哉苦哉！（黄檗禅师）

○鼻有墨点，对镜恶墨，但揩于镜，其可得耶？好恶是非，对之前境，不了自心，但尤于境，其可得耶？洗分别之鼻墨，则一镜圆净矣，万境成真矣，执石成宝矣，众生即佛矣。（飞锡法师）

○修行人大忌说人长短是非，乃至一切世事非干己者，口不可说，心不可思。但口说心思，便是昧了自己。若专炼心，常搜己过，哪得工夫管他家屋里事？粉骨碎身，唯心莫动。收拾自心如一尊木雕圣像坐在堂中，终日无人亦如此，幡盖簇拥、香花供养亦如此，赞叹亦如此，毁谤亦如此。修行人常常心上无事，时时刻刻体究自己本命元辰端的处。

（盘山禅师）

〇元无我人，为谁贪瞋？（圭峰法师）

〇报缘虚幻，不可强为。浮世几何，随家丰俭。苦乐逆顺，道在其中。动静寒温，自愧自悔。（佛眼禅师）

〇学道人逐日但将检点他人底工夫，常自检点，道业无有不办。或喜或怒，或静或闹，皆是检点时节。（大慧禅师）

〇化人问幻士，谷响答泉声；欲达吾宗旨，泥牛水上行。（永明禅师）

〇千峰顶上一茅屋，老僧半间云半间；昨夜云随风雨去，到头不似老僧闲。（归宗芝庵禅师）

〇过去事已过去了，未来不必预思量，只今便道即今句，梅子熟时栀子香。（石屋禅师）

〇即今休去便休去，若觅了时无了时。（云峰禅师）

〇琐琐含生，营营来去者，等彼器中蚊蚋，纷纷狂闹耳。一化而生，再化而死，化海漂荡，竟何所之？梦中复梦，长夜冥冥，执虚为实，曾无觉日。不有出世之大觉大圣，其孰与而觉之欤！（仁潮禅师）

〇纵宿业深厚，不能顿断；当方便制抑，自劝自心。（妙叶禅师）

〇放开怀抱，看破世间，宛如一场戏剧，何有真实？（莲池大师）

〇达宿缘之自致，了万境之如空，而成败利钝，兴味萧然矣。（莲池大师）

〇伊庵权禅师用功甚锐，至晚必流涕曰：“今日又只恁么空过，未知来日工夫如何？”师在众，不与人交一言。（莲池大师）

〇畏寒时欲夏，苦热复思冬，妄想能消灭，安身处处同。草食胜空腹，茅堂过露居，人生解知足，烦恼一时除。（莲池大师）

〇人之过恶深重者，亦有效验。或心神昏塞，转头即忘，或无事而常烦恼，或见君子而赧然消沮，或闻正论而不乐，或施惠而人反怨，或夜梦颠倒，甚则妄言失志，皆作孽之相也。苟一类此，即须奋发，舍旧

图新，幸勿自误！（袁了凡）

○只“强顺人情，勉就世故”八个字，误却你一生大事。道业未成，无常至速，急宜敛迹韬光，一心向道，不得再误。（《西方确指》）

○深潜不露，是名持戒，若浮于外，未久必败。有口若哑，有耳若聋，绝群离俗，其道乃崇。（《西方确指》）

○种种恶逆境界，尽情看作真实受益之处。名利、声色、饮食、衣服、赞誉、供养，种种顺情境界，尽情看做毒药、毒箭。（蕅益大师）

○将身心世界全体放下，作一超方特达之观。（蕅益大师）

○善友罕逢，恶缘偏盛，非咬钉嚼铁、刻骨镂心，何以自拔哉！（蕅益大师）

○何不趁早放下幻梦尘劳，勤修戒定智慧。（蕅益大师）

○勿贪世间文字诗词，而碍正法；勿逐悭贪、嫉妒、我慢、鄙覆习气，而自毁伤。（蕅益大师）

○内不见有我，则我无能；外不见有人，则人无过。一味痴呆，深自惭愧；劣智慢心，痛自改革。（蕅益大师）

○篱菊数茎随上下，无心整理任他黄；后先不与时花竞，自吐霜中一段香。（诵帚禅师）

○从今以后，愿遁世不见知而不悔，作一斋公斋婆，向厨房灶下安隐过日，今生不敢复作度人妄想。（彭二林）

○幸赖善缘，得闻法要，此千生万劫转凡成圣之时。尚复徘徊歧路，乍前乍却，则更历千生万劫，亦如是而止耳。况辗转沦陷，更有不可知者哉！（彭二林）

○轮转生死中，无须臾少息，犹复熙熙如登春台，曾不知佛与菩萨为之痛心而惨目也！（彭二林）

○汝信心颇深，但好张罗，及好游、好结交，实为修行一大障。祈沉潜杜默，则其益无量。戒之！（印光法师）

○汝是何等根机，而欲法法咸通耶？其急切纷扰，久则或致失心。

（印光法师）

〇当主敬存诚，于二六时中，不使有一念虚浮怠忽之相。及与世人酬酢，唯以忠恕为怀。则一切时、一切处，恶念自无从而起。（印光法师）

〇直须将一个死字（此字好得很）挂到额颅上。（印光法师）

〇若善男子、善女人，闻说净土法门，心生悲喜，身毛为竖如拔出者，当知此人，此过去宿命，已作佛道来也。（《无量清净平等觉经》，依迦才《净土论》引文）

〇汝今亦可自厌生死老病痛苦，恶露不净，无可乐者。（《无量寿经》）

〇无忧恼处，我当往生，不乐阎浮提浊恶世也。（《观无量寿佛经》）

〇才有病患，莫论轻重，便念无常，一心待死。（善导大师）

〇我未曾见闻，慈悲而行恼，互共相瞋恚，愿生阿弥陀。若人如恒河，恶口加刀杖，如是皆能忍，则生清净土。（《诸法无行经》）

〇生宏律范，死归安养。平生所得，唯二法门。（灵芝元照律师）

〇凡闻恶声，则念阿弥陀佛以消禳之，愿一切人不为恶行。凡见善事，则念阿弥陀佛以赞助之，愿一切人皆为善行。无事则默念阿弥陀佛，常在目前，便念念不忘。能如此者，其于净土决定往生。（王龙舒）

〇人生能有几时，电光眨眼便过。趁未老未病，抖身心，拨世事，得一日光景，念一日佛名，得一时工夫，修一时净业。由他命终，我之盘缠预办，前程稳当了也。若不如此，后悔难追！（天如禅师）

〇如就刑戮，若在狴牢，怨贼所追，水火所逼。一心求救，愿脱苦轮。（天如禅师）

〇于此土声色诸境，作地狱想、苦海想、火宅想。诸宝物，作苦具想。饮食、衣服，如脓血、铁皮想。（妙叶禅师）

〇此界释迦已灭，弥勒未生，贤圣隐伏。众生奔波苦海，犹失父之儿。若不以极乐愿王为归，谁为救护？（妙叶禅师）

〇闻教便行，奚待更劝。（妙叶禅师）

○惟名闻利养、甜爱软贼，及瞋心、瞋火，虽有佛力，不能救焉。行者当深加精进，以攘却之。（妙叶禅师）

○又复当护人心，勿使夸嫌；动用自若，息世杂善；不贪名利，将过归己；捐弃伎能，惟求往生。（妙叶禅师）

○娑婆有一爱之不轻，则临终为此爱所牵，矧多爱乎？极乐有一念之不一，则临终为此念所转，矧多念乎？（幽溪法师）

○若生恩爱时，当念净土眷属无有情爱，何当得生净土远离此爱。若生瞋恚时，当念净土眷属无有触恼，何当往生净土得离此瞋。若受苦时，当念净土无有众苦，但受诸乐。若受乐时，当念净土之乐，无央无待。凡历缘境，皆以此意而推广之，则一切时处，无非净土之助行也。（幽溪法师）

○如何说得娑婆苦，苦事纷纷等猬毛！（西斋禅师）

○当屏人独处，自办道业，以设像为师，经论为侣。（袁宏道）

○五浊恶世，寒热苦恼，秽相熏炙，不容一刻居住。（袁宏道）

○问：人不信净土，恐只是本来福薄？答：此言甚是。（莲池大师）

○余下劣凡夫，安分守愚，平生所务，惟是南无阿弥陀佛六字。今老矣，倘有问者，必以此答。（莲池大师）

○当生大欢喜，切勿怀忧恼，万缘俱放下，但一心念佛。往生极乐国，上品莲花生，见佛悟无生，还来度一切。（莲池大师）

○世情淡一分，佛法自有一分得力。娑婆活计轻一分，生西方便有一分稳当。（蕅益大师）

○弹指归安养，阎浮不可留。（蕅益大师）

○归命大慈父，早出娑婆关。（蕅益大师）

○世之最可珍重者，莫过精神；世之最可爱惜者，莫过光阴。

一念净，即佛界缘起；一念染，即九界生因。凡动一念，即十界种子，可不珍重乎？是日已过，命亦随减，一寸时光即一寸命光，可不爱惜乎？苟知精神之可珍重，则不浪用，则念念执持佛名；光阴不虚度，

则刻刻薰修净业。(彻悟禅师)

○悲哉众生！欲念未除，道根日坏；佛之视汝，将何以堪？(彭二林)

○子等归向极乐，全须打得一副全铁心肠，外不为六尘所染，内不为七情所锢，污泥中便有莲花出现也。(彭二林)

○莲花种子，荣悴由人，时不相待，珍重珍重！(彭二林)

○上品见佛速，下品见佛迟，虽有迟速异，终无退转时。参禅病著相，念佛贵断疑，实实有净土，实实有莲池。(张守约)

○念阿弥陀佛正觉圆满之名，观极乐世界清净庄严之相，如此滞著，只怕未能切实；果能切实，则世间种种幻化妄缘，自当远离。(悟开禅师)

○随忙随闲，不离弥陀名号；顺境逆境，不忘往生西方。(印光法师，以下悉同)

○诚与恭敬，实为超凡入圣、了生脱死之极妙秘诀。

○业障重、贪瞋盛、体弱心怯，但能一心念佛，久之自可诸疾历咸愈。

○佛固不见弃于罪人，当承兹行以往生耳。

○须信娑婆实实是苦，极乐实实是乐，深信佛言，了无疑惑。

○应发切实誓愿，愿离娑婆苦，愿得极乐乐。其愿之切，当如堕厕坑之急求出离，又如系牢狱之切念家乡。己力不能自出，必求有大势力者提拔令出。

○业识未消，三昧未成，纵谈理性，终成画饼。

○入理深谈，且缓数年。

○一句南无阿弥陀佛，只要念得熟，成佛尚有余裕。不学他法，又有何憾？

○汝虽于净土法门颇生信心，然犹有好高骛胜之念头未能放下，而未肯以愚夫愚妇自命。

○其有平日自命通宗通教，视净土若秽物，恐其污己者，悔终多是手忙脚乱，呼爷叫娘。

○汝妄想之心遍天遍地，不知息心念佛。所谓向外驰求，不知返照回光。

○今见好心出家、在家四众，多是好高骛远，不肯认真专修净业。总由宿世善根浅薄，今生未遇通人。

○当今之时，其世道局势，有如安卧积薪之上，其下已发烈火。尚犹悠忽度日，不专志求救于一句佛号，其知见之浅近甚矣！

○心跳、恶梦，乃宿世恶业所现之兆。然现境虽有善恶，转变在乎自己。恶业现而专心念佛，则恶因缘为善因缘。

○当恪守净宗列祖成规，持斋念佛，改恶修善，知因识果，植福培德。以企现生消除业障，临终正念往生。庶不虚此一生，及亲为如来弟子耳。

○但当志心念佛，以消旧业。断不可起烦躁心，怨天尤人。

○具缚凡夫，若无贫穷疾病等苦，将日奔驰于声色名利之场，而莫之能已。谁肯于得意烜赫之时，回首作未来沉溺之想乎？

○欲得佛法实益，须向恭敬中求，有一分恭敬，则消一分罪业，增一分福慧。

○念佛要时常作将死、将堕地狱想，则不恳切亦自恳切，不相应亦自相应。以怖苦心念佛，即是出苦第一妙法，亦是随缘消业第一妙法。

○末世众生，无论有善根、无善根，皆当决定专修净土。善根有，固宜努力。无，尤当笃培。

○汝须自知好歹，修行要各尽其分，潜修默契方可。急急改过，摄心念佛。

参　禅

丙辰十二月六日：

今天，整日饮甘泉。

断绝人间烟火。

习字，静坐。

思丝、虑缕，脉脉可见。

文思渐起，不能自己。

晚间日落时入眠。

——弘一《断食日记》

断食日记

弘　一

> 静坐，习字，饮甘泉水。
> 无梦，无挂，无虑，心清，意净，体轻。
> 饮食，生理上之习惯而已！静坐时，耳根灵明，大地间无不是众生嗷嗷不息之声。

丙辰十一月二十九日（1916）：

断食换心，是一种科学的也是哲学的试验。

告诉闻玉：断食中，不会任何亲友。不拆任何函件。不问任何事务。家中有事，由闻玉答复，处理完毕。待断食期满，告诉我。

断食中尽量谢绝一切谈话。

整天定课是练字、做印、静坐，三个段落。

食量：早餐一碗粥，中餐一碗半饭，一碗菜；晚餐，一碗饭及小菜。这是平日三分之二的食量。

晚间，准备笔、墨、纸，明天开始习字。

闻玉是一个虔诚的护法。

丙辰十一月三十日：

清早六时起床，静坐片刻，盥洗。

六点半以后，习字一点钟。

早餐，粥大半碗。饭后，静坐。九时起，习字一点钟。

午餐，饭菜各一碗。十二点后，午眠。下午二时起，静坐。

三点钟起，习字。

饥肠辘辘。

晚餐，饭菜各一碗。

饭后，静坐片刻。

就寝。

丙辰十二月一日：

六时起身，静坐。

习字功课如昨。

早餐，粥半碗，较昨日为稀。

中餐，饭菜各一碗。

午后小眠，习字如昨。

傍晚，腹中如火焚。

晚餐，饭半碗。

逐日减少活动，以静、定、安、虑做生活中心。

闻玉示我，雪子有笺。

闻玉待我，周切备至，此情永不能忘。

丙辰十二月二日：

清晨，习字、静坐如常。

早餐，稀粥半碗。

中餐，改吃粥及菜合一碗。

傍晚，空腹时，腹中熊熊然。

坚定信念，习字、静坐。

精神稍感减衰，镜中看人，略见瘦削。

晚餐，稀粥半小碗。

六时入睡。

丙辰十二月三日：

晨起，精神渐渐轻快。

早餐，稀粥半碗。

中餐，稀粥一碗，菜少许。晚餐谢绝。但饮虎跑冷泉一杯（虎跑泉，著名于杭州）。

我如一老僧坐禅，闻玉赫然韦陀！

精神蜷然，腹内干燥减少。

静坐、习字如昔。

晚六时入睡，无梦。

丙辰十二月四日：

晨起，泉水一大杯。绝稀粥。

静坐以待寂灭，习字以观性灵。

中餐，稀粥半碗，菜少许。

傍晚，泉水一杯。

习字、静坐如常。

闻玉示我，雪子笺至。“情”可畏也。

——年前曾与雪子妥商，假期来虎跑断食。

晚六时入睡。

丙辰十二月五日：

晨起，饮泉水一杯，清凉可口。

习字，静坐。

精神稳定，腹中舒泰。

中餐，稀粥半小碗，无菜。

晚，泉水一杯。

六时入眠，安静、无梦、轻快。

丙辰十二月六日：

今天，整日饮甘泉。

断绝人间烟火。

习字，静坐。

思丝、虑缕，脉脉可见。

文思渐起，不能自已。

晚间日落时入眠。

丙辰十二月七日：

丙辰十二月八日：

丙辰十二月九日：

静坐，习字，饮甘泉水。

无梦，无挂，无虑，心清，意净，体轻。

饮食，生理上之习惯而已！静坐时，耳根灵明，大地间无不是众生嗷嗷不息之声。

丙辰十二月十日：

丙辰十二月十一日：

精神界一片灵明，思潮澎湃不已。

法喜无垠。

丙辰十二月十二日：

做印一方："不食人间烟火"。

空空洞洞，既悲而欣。

丙辰十二月十三日：

依法：中餐恢复稀粥半小碗。

静坐、习字如昔。

丙辰十二月十四日：

饮食逐次增进。

治印："一息尚存"。

心胃开阔，饭食奇香。

丙辰十二月十五日：

丏尊当不知我来此间实行断食也。

一切如旧。

中餐用菜。

署别名：李婴。老子云："能婴儿乎？

丙辰十二月十六日：

中餐改用饭菜。

习字，静坐。作室内散步。

丙辰十二月十七日：

丙辰十二月十八日：

七天不食人间烟火。精神、笔力、思考奇利。

丙辰十二月十九日：

整理各式书法一百余幅，印数方。

回校……

山中杂信

周作人

> 我们为自己养生计，或者不得不杀生，但是大慈悲性种子也不可不保存，所以无用的杀生与快意的杀生，都应该避免的。

一

伏园兄：

我已于本月初退院，搬到山里来了。香山不很高大，仿佛只是故乡城内的卧龙山模样，但在北京近郊，已经要算是很好的山了。碧云寺在山腹上，地位颇好，只是我还不曾到外边去看过，因为须等医生再来诊察一次之后，才能决定可以怎样行动，而且又是连日下雨，连院子里都不能行走，终日只是起卧屋内罢了。大雨接连下了两天，天气也就颇冷了。般若堂里住着几个和尚们，买了许多香椿干，摊在芦席上晾着，这两天的雨不但使它不能干燥，反使它更加潮湿。每从玻璃窗望去，看见廊下摊着湿漉漉的深绿的香椿干，总觉得对于这班和尚们心里很是抱歉似的，——虽然下雨并不是我的缘故。

般若堂里早晚都有和尚做功课，但我觉得并不烦扰，而且于我似乎还有一种清醒的力量。清早和黄昏时候的清澈的磬声，仿佛催促我们无所信仰、无所皈依的人，拣定一条道路精进向前。我近来的思想动摇与混乱，可谓已至其极了，托尔斯泰的无我爱与尼采的超人，共产主义与善种学，耶佛孔老的教训与科学的例证，我都一样的喜欢尊重，却又不能调和统一起来，造成一条可以行的大路。我只将这各种思想，凌乱的堆在头里，真是乡间的杂货一料店了。——或者世间本来没有思想上的

“国道”，也未可知。这件事我常常想到，如今听他们做功课，更使我受了激刺。同他们比较起来，好像上海许多有国籍的西商中间，夹着一个“无领事管束”的西人。至于无领事管束，究竟是好是坏，我还想不明白。不知你以为何如？

寺内的空气并不比外间更为和平。我来的前一天，般若堂里的一个和尚，被方丈差人抓去，说他偷寺内的法物，先打了一顿，然后捆送到城内什么衙门去了。究竟偷东西没有，是别一个问题，但吊打恐总非佛家所宜。大约现在佛徒的戒律，也同“儒业”的三纲五常一样，早已成为具文了。自己即使犯了永为弃物的波罗夷罪，并无妨碍，只要有权力，便可以处置别人，正如护持名教的人却打他的老父，世间也一点都不以为奇。我们厨房的间壁，住着两个卖汽水的人，也时常吵架。掌柜的回家去了，只剩了两个少年的伙计，连日又下雨，不能出去摆摊，所以更容易争闹起来。前天晚上，他们都不愿意烧饭，互相推诿，始而相骂，终于各执灶上的铁通条，打仗两次。我听他们叱咤的声音，令我想起《三国志》及《劫后英雄略》等书里所记的英雄战斗或比武时的威势，可是后来战罢，他们两个人一点都不受伤，更是不可思议了。从这两件事看来，你大约可以知道这山上的战氛罢。

因为病在右肋，执笔不大方便，这封信也是分四次写成的，以后再谈罢。

二

近日天气渐热，到山里来住的人也渐多了。对面的那三间屋，已于前日租去，大约日内就有人搬来。般若堂两旁的厢房，本是“十方堂”，这块大木牌还挂在我的门口。但现在都已租给人住，以后有游方僧来，除了请到罗汉堂去打坐以外，没有别的地方可以挂单了。

三四天前大殿里的小菩萨，失少了两尊，方丈说是看守大殿的和尚偷卖给游客了，于是又将他捆起来，打了一顿，但是这回不曾送官，因为次日我又听见他在后堂敲那大木鱼了。（前回被抓去的和尚已经出来，搬到别的寺里去了。）当时我正翻阅《诸经要集》六度部的忍辱篇，道世大师在述意缘内说道，“……岂容微有触恼，大生瞋恨，乃至角眼相看，恶声厉色，遂加杖木，结恨成怨。”看了不禁苦笑。或者丛林的规矩，方丈本来可以用什么板子打人，但我总觉得有点矛盾。而且如果真照规矩办起来，恐怕应该挨打的却还不是这个所谓偷卖小菩萨的和尚呢。

山中苍蝇之多，真是“出人意表之外”。每到下午，在窗外群飞，嗡嗡作声，仿佛是蜜蜂的排衙。我虽然将风门上糊了冷布，紧紧关闭，但是每一出入，总有几个混进屋里来。各处桌上摊着苍蝇纸，另外又用了棕丝制的蝇拍追着打，还是不能绝灭。英国诗人勃来克有《苍蝇》一诗，将蝇来与无常的人生相比，日本小林一茶的俳句道，“不要打哪！那苍蝇搓他的手，搓他的脚呢。”我平常都很是爱念，但在实际上却不能这样的宽大了。一茶又有一句俳句，序云：

> 捉到一个虱子，将他掐死固然可怜，要把他舍在门外，让他绝食，也觉得不忍；忽然的想到我佛从前给与鬼子母的东西[1]成此。

> 虱子呵，放在和我味道一样的石榴上爬着。

《四分律》云，“时有老比丘拾虱弃地，佛言不应，听以器盛若绵拾着中。若虱走出，应作筒盛；若虱出筒，应作盖塞。随其寒暑，加以腻食将养之。”一茶是诚信的佛教徒，所以也如此做，不过用石榴喂它却更妙了。这种殊胜的思想，我也很以为美，但我的心底里有一种矛

---

① 日本传说，佛降伏鬼子母神，给与石榴实食之，以代人肉，因榴实味酸甜似人肉云。据《鬼子母经》说，她后来变了生育之神，这石榴大约只是多子的象征罢了。

盾，一面承认苍蝇是与我同具生命的众生之一，但一面又总当它是脚上带着许多有害的细菌，在头上面爬的痒痒的，一种可恶的小虫，心想除灭它。这个情与知的冲突，实在是无法调和，因为我笃信“赛老先生”的话，但也不想拿了他的解剖刀去破坏诗人的美的世界，所以在这一点上，大约只好甘心且做蝙蝠派罢了。

对于时事的感想，非常纷乱，真是无从说起，倒还不如不说也罢。

三

我在第一信里，说寺内战氛很盛，但是现在情形却又变了。卖汽水的一个战士，已经下山去了。这个缘因，说来很长。前两回礼拜日游客很多，汽水卖了十多块钱一天，方丈知道了，便叫他们从形势最好的那“水泉”旁边撤退，让他自己来卖。他们只准在荒凉的塔院下及门口去摆摊，生意便很清淡，掌柜的于是实行减政，只留下了一个人做帮手——这个伙计本是做墨盒的，掌柜自己是泥水匠。这主从两人虽然也有时争论，但不至于开起仗来了。方丈似乎颇喜欢吊打他属下的和尚，不过他的法庭离我这里很远，所以并未直接受到影响。此外偶然和尚们喝醉了高粱，高声抗辩，或者为了金钱胜负稍有纠葛，都是随即平静，算不得什么大事。因此般若堂里的空气，近来很是长闲逸豫，令人平矜释躁。这个情形可以意会，不易言传，我如今举出一件琐事来做个象征，你或者可以知其大略。我们院子里，有一群鸡，共五六只，其中公的也有，母的也有。这是和尚们共同养的呢，还是一个人的私产，我都不知道。它们白天里躲在紫藤花底下，晚间被盛入一只小口大腹，像是装香油用的藤篓里面。这篓子似乎是没有盖的，我每天总看见它在柏树下仰天张着口放着。夜里酉戌之交，和尚们擂鼓既罢，各去休息，篓里的鸡便怪声怪气的叫起来。于是禅房里和尚们的“唆，唆——”之声，相继而作。这样以后，篓里和禅房里便复寂然，直到天明，更没有什么惊动。问是什么事呢？答说有黄鼠狼来咬鸡。其实这小口大腹的篓子里，黄鼠狼是不会进去的，倘若掉了下去，它就再也逃不出来了。大约它总是未能忘情，所以常来窥探，不过聊以快意罢了。倘若篓子上加上一个盖，——虽然如上文所说，即使无盖，本来也很安全，——也便可以省得它的窥探，但和尚们永远不加盖，黄鼠狼也便永远要来窥探，以致“三日两头”的引起夜中篓里与禅房里的驱逐。这便是我所说的长闲逸豫的所在。我希望这一节故事，或者能够比那四个抽象的字说明的更多一点。

但是我在这里不能一样的长闲逸豫，在一日里总有一个阴郁的时候，这便是下午清华园的邮差送报来后的半点钟。我的神经衰弱，易于激动，病后更甚，对于略略重大的问题，稍加思索，便很烦躁起来，几乎是发热状态，因此平常十分留心免避。但每天的报里，总是充满着不愉快的事情，见了不免要起烦恼。或者说，既然如此，不看岂不好么？但我又舍不得不看，好像身上有伤的人，明知触着是很痛的，但有时仍是不自禁的要用手去摸，感到新的剧痛，保留他受伤的意识。但苦痛究竟是苦痛，所以也就赶紧丢开，去寻求别的慰解。我此时放下报纸，努力将我的思想遣发到平常所走的旧路上去，——回想近今所看书上的大乘菩萨布施忍辱等六度难行，净土及地狱的意义，或者去搜求游客及和尚们（特别注意于方丈）的轶事。我也不愿再说不愉快的事，下次还不如仍同你讲他们的事情罢。

四

近日因为神经不好，夜间睡眠不足，精神很是颓唐，所以好久没有写信，也不曾做诗了。诗思固然不来，日前到大殿后看了御碑亭，更使我诗兴大减。碑亭之北有两块石碑，四面都刻着乾隆御制的律诗和绝句。这些诗虽然很讲究的刻在石上，壁上还有宪兵某君的题词，赞叹他说“天命乃有移，英风殊难泯！”但我看了不知怎的联想到那塾师给冷于冰看的草稿，将我的创作热减退到近于零度。我以前病中忽发野心，想做两篇小说，一篇叫《平凡的人》，一篇叫《初恋》，幸而到了现在还不曾动手，不然，岂不将使《馍馍赋》不但无独而且有偶么？

我前回答应告诉你游客的故事，但是现在也未能践约，因为他们都从正门出入，很少到般若堂里来的。我看见从我窗外走过的游客，一总不过十多人。他们却有一种公共的特色，似乎都对于植物的年龄颇有趣味。他们大抵问和尚或别人道，“这藤萝有多少年了？”答说，“这说不上来。”便又问，“这柏树呢？”至于答案，自然仍旧是“说不上来”了。或者不问柏树的，也要问槐树，其余核桃石榴等小树，就少有人注意了。我常觉得奇异，他们既然如此热心，寺里的人何妨就替各颗老树胡乱定出一个年岁，叫和尚们照样对答，或者写在大木板上，挂在树下，岂不一举两得么？

游客中偶然有提着鸟笼的，我看了最不喜欢。我平常有一种偏见，以为作不必要的恶事的人，比为生活所迫，不得已而作恶者更为可恶；所以我憎恶蓄妾的男子，比那卖女为妾——因贫穷而吃人肉的父母，要加几倍，对于提鸟笼的人的反感，也是出于同一的源流。如要吃肉，便吃罢了（其实飞鸟的肉，于养生上也并非必要）；如要赏鉴，在它自由飞鸣的时候，可以尽量的看或听；何必关在笼里，擎着走呢？我以为这同喜欢缠足一样的是痛苦的赏玩，是一种变态的残忍的心理。贤首于《梵网戒疏》盗戒下注云：“善见云，盗空中鸟，左翅至右翅，尾至头，上下亦尔，俱得重罪。准此戒，纵无主，鸟身自为主，盗皆重也。”鸟身自为主，——这句话的精神何等博大深厚，然而又岂是那些提鸟笼的朋友所能了解的呢？

《梵网经》里还有几句话，我觉得也都很好。如云“若佛子，故食肉，——一切肉不得食。——断大慈悲性种子，一切众生见而舍去。”又云，“一切男子是我父，一切女人是我母，我生生无不从之受生，故六道众生皆我父母。而杀而食者，即杀我父母，亦杀我故身：一切地水，是我先身；一切火风，是我本体。……”我们现在虽然不能再相信六道轮回之说，然而对于这普亲观平等观的思想，仍然觉得他是真而且美。英国勃来克的诗：

被猎的兔每一声叫，
撕掉脑里的一枝神经，
云雀被伤在翅膀上，
一个天使止住了歌唱。

这也是表示同一的思想。我们为自己养生计，或者不得不杀生，但是大慈悲性种子也不可不保存，所以无用的杀生与快意的杀生，都应该避免的。譬如吃醉虾，这也罢了；但是有人并不贪他的鲜味，只为能够将半活的虾夹住，直往嘴里送，心里想道“我吃你!”觉得很快活。这是在那里尝得胜快心的滋味，并非真是吃食了。《晨报》杂感栏里曾登过松年先生的一篇《爱》，我很以他所说的为然。但是爱物也与仁人很有关系，倘若断了大慈悲性种子，如那样吃醉虾的人，于爱人的事也恐怕不大能够圆满的了。

天目山中笔记

徐志摩

“闻佛柔软音，深远甚微妙。”多奇异的力量！多奥妙的启示！包容一切冲突性的现象，扩大刹那间的视域，这单纯的音响，于我是一种智灵的洗净。

佛于大众中　说我当作佛
闻如是法音　疑悔悉已除
初闻佛所说　心中大惊疑
将非魔作佛　恼乱我心耶

——莲华经譬喻品

山中不定是清静。庙宇在参天的大木中间藏着，早晚间有的是风，松有松声，竹有竹韵，鸣的禽，叫的虫子，阁上的大钟，殿上的木鱼，庙身的左边右边都安着接泉水的粗毛竹管，这就是天然的笙箫，时缓时急的参和着天空地上种种的鸣籁。静是不静的；但山中的声响，不论是泥土里的蚯蚓叫或是轿夫们深夜里“唱宝”的异调，自有一种各别处：它来得纯粹，来得清亮，来得透彻，冰水似的沁入你的脾肺；正如你在泉水里洗濯过后觉得清白些。这些山籁，虽则一样是音响，也分明有洗净的功能。

夜间这些清籁摇着你入梦，清早上你也从这些清籁的怀抱中苏醒。

山居是福，山上有楼住更是修得来的。我们的楼窗开处是一片蓊葱的林海；林海外更有云海！日的光，月的光，星的光，全是你的。从这三尺方的窗户你接受自然的变幻；从这三尺方的窗户你散放你的变幻，自在而满足。

今早梦回时睁眼见满帐的霞光。鸟雀们在赞美；我也加入一份。它们的是清越的歌唱，我的是潜深一度的沉默。

钟楼中飞下一声宏钟，空山在音波的磅礴中震荡。这一声钟激起了我的思潮。不，潮字太夸；说思流罢。耶教人说阿门，印度教人说“欧姆”（O—m），与这钟声的嗡嗡，同是从撮口外摄到阖口内包的一个无限的波动：分明是外扩，却又是内潜；一切在它的周缘，却又在它的中心：同时是皮又是核，是轴亦复是廓。这伟大奥妙的“om”使人感到动，又感到静；从静中见动，又从动中见静。从安住到飞翔，又从飞翔回复安住；从实在境界超入妙空，又从妙空化生实在。

“闻佛柔软音，深远甚微妙。”

多奇异的力量！多奥妙的启示！包容一切冲突性的现象，扩大刹那间的视域，这单纯的音响，于我是一种智灵的洗净。花开，花落，天外的流星与田畦间的飞萤，上绾云天的青松，下临绝海的巉岩，男女的爱，珠宝的光，火山的溶液：一婴儿在它的摇篮中安眠。

这山上的钟声是昼夜不间歇的，平均五分钟时一次。打钟的和尚独自在钟楼上住着，据说他已经不间歇的打了十一年钟，他的心愿是打到他不能动弹的那天。钟楼上供着菩萨，打钟人在大钟的一边安着他的“座”，他每晚是坐着安神的，一只手挽着钟槌的一头，从长期的习惯，不叫睡眠耽误他的职司。“这和尚，”我自忖，“一定是有道理的！和尚是没道理的多：方才那知客僧想把七窍蒙充六根，怎么算总多了一个鼻孔或是耳孔；那方丈师的谈吐里不少某督军与某省长的点缀；那管半山亭的和尚更是贪嗔的化身，无端摔破了两个无辜的茶碗。但这打钟和尚，他一定不是庸流，不能不去看看！”他的年岁在五十开外，出家有二十几年，这钟楼，不错，是他管的，这钟是他打的（说着他就过去撞了一下），他每晚，也不错，是坐着安神的，但此外，可怜，我的俗眼竟看不出什么异样。他拂拭着神龛，神座，拜垫，换上香烛，掇一盂水，洗一把青菜，捻一把米，擦干了手接受香客的布施，又转身去撞一声钟。

他脸上看不出修行的清癯，却没有失眠的倦态，倒是满满的不时有笑容的展露，念什么经；不，就念阿弥陀佛，他竟许是不认识字的。“那一带是什么山，叫什么，和尚?”“这里是天目山，”他说。“我知道，我说的是那一带的，”我手点着问。“我不知道，”他回答。

山上另有一个和尚，他住在更上去昭明太子读书台的旧址，盖着几间屋，供着佛像，也归庙管的，叫作茅棚。但这不比得普渡山上的真茅棚，那看了怕人的，坐着或是偎着修行的和尚没一个不是鹄形鸠面，鬼似的东西。他们不开口的多，你爱布施什么就放在他跟前的篓子或是盘子里，他们怎么也不睁眼，不出声，随你给的是金条或是铁条。人说得更奇了。有的半年没有吃过东西，不曾挪过窝，可还是没有死，就这冥冥的坐着。他们大约离成佛不远了，单看他们的脸色，就比石片泥土不差什么，一样这黑刺刺，死僵僵的。“内中有几个，”香客们说，“已经成了活佛，我们的祖母早三十年来就看见他们这样坐着的!”

但天目山的茅棚以及茅棚里的和尚，却没有那样的浪漫出奇。茅棚是尽够蔽风雨的屋子，修道的也是活鲜鲜的人，虽则他并不因此减却他给我们的趣味。他是一个高身材，黑面目，行动迟缓的中年人；他出家将近十年，三年前坐过禅关，现在这山上茅棚里来修行；他在俗家时是个商人，家中有父母兄弟姊妹，也许还有自身的妻子；他不曾明说他中年出家的缘由，他只说“俗业太重了，还是出家从佛的好”。但从他沉着的语音与持重的神态中可以觉出他不仅是曾经在人事上受过磨折，并且是在思想上能分清黑白的人。他的口，他的眼，都泄漏着他内里强自抑制，魔与佛交斗的痕迹：说他是放过火杀过人的忏悔者，可信；说他是个回头的浪子，也可信。他不比那钟楼上人的不着颜色，不露曲折：他分明是色的世界里逃来的一个囚犯。三年的禅关，三年的草棚，还不曾压倒，不曾灭净，他肉身的烈火。“俗业太重了，不如出家从佛的好”；这话里岂不颤栗着一往忏悔的深心？我觉着好奇；我怎么能得知他深夜趺坐时意念的究竟？

佛于大众中　说我当作佛
闻如是法音　疑悔悉已除
初闻佛所说　心中大惊疑
将非魔作佛　恼乱我心耶

但这也许看太奥了。我们承受西洋人生观洗礼的，容易把做人看太积极，入世的要求太猛烈，太不肯退让，把住这热乎乎的一个身子一个心放进生活的轧床去，不叫他留存半点汁水回去；非到山穷水尽的时候，决不肯认输，退后，收下旗帜。并且即使承认了绝望的表示，他往往直接向生存本体的取决，不来半步阑珊的收回了步子向后退：宁可自杀，干脆的生命的断绝，不来出家，那是生命的否认。不错，西洋人也有出家做和尚做尼姑的，例如亚佩腊与爱洛绮丝，但在他们是情感方面的转变，原来对人的爱移作对上帝的爱，这知感的自体与它的活动依旧不含糊的存在着；在东方人，这出家是求情感的消灭，皈依佛法或道法，目的在自我一切痕迹的解脱。再说，这出家或出世的观念的老家，是印度不是中国，是跟着佛教来的；印度何以会发生这类思想，学者们自有种种哲理上乃至物理上的解释，也尽有趣味的。中国何以能容留这类思想，并且在实际上出家做尼僧的今天不比以前少（我新近一个朋友差一点做了小和尚)！这问题正值得研究，因为这分明不仅仅是个知识乃至意识的浅深问题，也许这情形尽有极有趣味的解释的可能，我见闻浅，不知道我们的学者怎样想法，我愿意领教。

民国十五年九月

识 禅

有源律师问大珠慧海禅师："和尚修道还用功否?"慧海说："用功。"源律师问："如何用功?"慧海回答说："饥来吃饭，困来即眠。"源律师又问："一切人总如是，同师用功否?"慧海说："不同。"源律师问："如何不同?"慧海说："他吃饭时，不肯吃饭，百般须索；睡时不肯睡，千般计较，所以不同也。"（《景德传灯录》卷六）

动者心动

王先霈

> 花开了，是花自己开的？是泥土、阳光、雨水使花开的？王守仁说，不是花开，不是树动，不是泥土、阳光、雨水使它们开，是观者心动。

禅宗六祖慧能去世之后，他的信徒们利用他的名字编出许多神奇的故事，其中很有名的，为佛教徒、哲学家和许多文人乐于引用的是关于“风幡”的故事。这个故事引起太多人的兴趣，所以有好多种不同版本，例如，南唐泉州招庆院僧人所编的《祖堂集》卷二的叙述告诉我们：

> 印宗和尚一日正讲经，风雨猛动，见其幡动。法师问众：“风动也？幡动也？”一个云：“风动。”一个云：“幡动。”各自相争，就讲主证明。讲主断不得，却请行者断。行者云：“不是风动，不是幡动。”讲主云：“是什么物动？”行者云：“仁者自心动。”从此，印宗避席座位……

这里说的“行者”就是慧能，“讲主”就是印宗。印宗是与慧能同时的和尚，曾参谒弘忍法师，后来到广州法性寺讲《涅槃经》，上面的故事发生的处所，作者就是安排在法性寺中。《五灯会元》卷一的记述，比《祖堂集》细致一些。更加生动的是《曹溪大师别传》的记述，那里说，慧能住宿在法性寺的廊庑之间，晚上听见众多僧人讨论风动、幡动，谁也说服不了谁，而且都没有契合佛理。有说“幡是无情，因风而动”；有说“风幡俱是无情，如何得动”；有说“因缘和合故，合动”；

喧嚷不止。慧能高声制止众人，说“幡无如余种动。所言动者，人心自动耳!”印宗在房内暗地里听到这番话，很是惊讶，第二天邀请慧能入室询问，再次听了慧能的说法，即起合掌虔诚，拜为师尊。又过一天，指着慧能对寺中大众道：“印宗何幸，身是凡夫，不期座下法身菩萨。印宗所为众人说《涅槃经》，犹如瓦砾；昨夜请卢行者过房论议，犹如金玉。”其后，慧能在法性寺菩提树下开东山法门。更早的版本是《历代法宝记》，它记述说：

> 时印宗问众人：“汝总见风吹幡于上头，幡动否?”众言见动——或言见风动，或言见幡动；不是幡动，是见动。如是问难不定。慧能于座下立答：“法师！自是众人妄想动与不动，非见（“见”应为“风”）幡动。法本无有动与不动。”法师闻说，惊愕忙（“忙”应为“茫”）然。

这个故事后来被人纳入《坛经》，以增加其权威性。《祖堂集》卷二和《五灯会元》卷一在记述以上故事的同时，还记有禅宗西天十七祖僧伽难提尊者传法于十八祖伽耶舍多尊者之事：

> 他时闻风吹殿铃声，祖问曰：“铃鸣耶?风鸣耶?”舍多曰：“非风、铃鸣，我心鸣耳。”祖曰：“心复谁乎?”舍多曰：“俱寂静故。”祖曰：“善哉，善哉！继吾道者，非子而谁!”即付法眼。

不难看出，以慧能为主人公的“风幡”的故事，和以伽耶舍多尊者为主人公的“风铃”的故事，是同一母题下的两个叙述文本，传达的是同一种思想。不管“风幡”故事的各种版本有多少差异，不管这个故事最早是由谁杜撰出来的，它怎样衍生、变异，确定无疑的是，它反映了慧能的思想，这个思想就是："心生则种种法生，心灭则种种法灭。"法，指的是一切客观事物，它们统统是由人的心理、人的感觉造作而成。禅宗的大师们为什么不厌其烦地讲述这个故事呢？绝不是为了供自己或者听众娱乐，而是为了宣扬教义。这个故事所要表达的思想在慧能的体系中的地位、在禅宗的理论体系中的地位，在《五灯会元》卷十所载德韶禅师的一段话中间得到充分的阐述：

> 祖师道非风幡动，仁者心动，斯乃无上心印法门。我辈是祖师门下客，合作么生会祖师意？莫道风幡不动，汝心妄动；莫道不拨风幡，就风幡通取；莫道风幡动处是什么；有云附物明心，不须认物；有云色即是空；有云非风幡动，应须妙会。如是解会，与祖师意旨有何交涉？既不许如是会，诸上座便合知悉，若于这里彻底悟去，何法门而不明？百千诸佛方便，一时洞了，更有什么疑情？所以古人道，一了千明，一迷万惑。

从这段话的分析可以肯定，这个故事表达的不仅是慧能的思想，不仅是禅宗的思想，而且是一切宗教的基本观念，是一切唯心主义哲学的核心观念。慧能之后几百年，王守仁提出"心外无物"的命题，关于这个命题，哲学史上也有著名的故事，由《传习录》记载：

> 先生游南镇，一友指岩中花树问曰："天下无心外之物，如此花树在深山中自开自落，于我心亦何相关？"先生曰："你未看此花时，此花与汝心同归于寂；你来看此花时，则此花颜色一时明白起来，便知此花不在你的心外。"

花开了，是花自己开的？是泥土、阳光、雨水使花开的？王守仁说，不是花开，不是树动，不是泥土、阳光、雨水使它们开，是观者心动。说这番话的王守仁，不会没有读过禅宗的“风幡”故事。比王守仁晚两百多年，爱尔兰主教贝克莱提出“存在就是被感知”的命题，这个命题在西方近代哲学史上无人不知。贝克莱说：

> 我说我写字用的桌子存在，这就是说我看见它，摸到它。假若我走出书房以后还说它存在，这个意思就是说，假若我在书房中，我就可以感知它，或者是说，有某个别的精神实际上在感知它。有气味，就是说我嗅到过它；有声音，就是说我听到过它；有颜色或形相，就是说我用视觉或触觉感知过它。这就是我用这一类说法所能够了解到的一切。因为所谓不思想的事物完全与它的被感知无关而有绝对的存在，那在我是完全不能了解的。它们的存在就是被感知，它们不可能在心灵或感知它们的能思维的东西以外有任何存在。

> 我认为下面就是这样一个重要的真理，那就是，天上的一切星宿，地上的一切陈设，总之，构成人宇宙的一切物体，在心灵以外都没有任何存在；它们的存在就是被感知或被知道……（《人类知识原理》）

贝克莱作出这些论述时仅只二十多岁，他有流畅优美的文笔，有巧妙细密的论证。在《海拉斯和费罗诺斯的对话》中，他举例说，假如你的一只手热，一只手凉，你把两只手同时伸进一盆温水中，一只手感觉水热，另一只手感觉水凉；同一盆水不会有两种温度。由此作出结论：冷热不过是我们的感觉。贝克莱的话似乎非常雄辩，却是经不起仔细推敲的。列宁的《唯物主义与经验批评主义》对贝克莱作了尖锐的深入的批判，罗素的《西方哲学史》对贝克莱也有冷静的批评。

慧能、禅宗、王守仁、贝克莱，这些人的命题和他们对命题所作的论证，涉及两个问题，一个是物质是否离开主体独立存在；一个是人们对物质的感觉所反映的只是物质的性质，这种感觉是否因感觉主体的不同产生种种差异。前者是本体论问题，后者是认识论问题和心理学问题。如果说，我没有看花、幡、星宿的时候，花、幡、星宿就不存在，这是荒谬的，是主观唯心主义，是唯我论。如果说，我看到的花、幡、星宿，着上“我”的主观色彩，“我”的“心”的特殊色彩，而并不是纯然客观的物质的本体，这是符合实际的。这后一方面，在哲学上并非无足轻重，但却被以往很多唯物主义者所轻视。贝克莱谈到过在有黄疸病的人眼中，一切东西都是黄色；他又说，小虫子能看到比人能看到的微细得多的对象。贝克莱与禅宗和尚们不同，与王守仁不同，他掌握了自己时代的相当先进的自然科学知识；他的哲学不都是玄学想象和推论。他在写作《人类认识原理》之前，写过一本《视觉新论》。从慧能到王守仁到贝克莱，他们的意见，他们的论述，触及人类认识的一些重要方面。现代科学提供的材料告诉我们，动物的视觉经历了漫长的发展过程。原始的感光器官只是一些简单的感光细胞。像帽贝、鹦鹉螺等动物的眼睛，没有水晶体，只有一个针眼用以成像。在动物进化史上，眼睛经历了巨大的多样的变化；不同的眼睛所看到的世界是不一样的，至少是不完全一样的。蜻蜓的复眼能够看到接近三百六十度的范围，人则只能看到正面较窄的范围。所以，如果谁看到幡被风吹动、听到铃被风吹响，分析这种现象，除了要研究风、幡、铃之外，还要研究看它们的眼睛和听它们的耳朵。对自然事物的感觉因主体而产生差别，对社会事物的感觉更加是这样。比如说，同一部文学作品，不同的人有完全不同的反应。明末清初的金圣叹说，关于《西厢记》，“今后若有人说是妙文，有人说是淫书，圣叹都不与做理会。文者见之谓之文，淫者见之谓之淫耳。”鲁迅说，关于《红楼梦》，“单是命意，就因读者的眼光而有种种：经学家看见《易》，道学家看见淫，才子看见缠绵，革命家看见排满，流言家看见宫闱秘事……”《西厢记》和《红楼梦》并不淫，但确有一些人从中看出淫来。这种时候，我们就要说，非作者淫，非作品淫，动者自心，乃读者之心自淫耳。

旧唯物主义把人看作一架反应机器，他们把人对客体的反映过程大大简单化了。对于“风动乎？幡动乎？”的问题，把慧能或贝克莱的答案颠倒过来，也并不就是正确，更不能说是全面。马克思和恩格斯在《德意志意识形态》中嘲笑“愚昧的乡村教书匠”的看法，以钢块敲石取火为例，那看法是：“如果他打出火来，那么，火是从石头里出来的，在这以前，火隐藏在石头里面。”他们说，任何一个四年级学生都知道，“这种火不是从石头也不是从钢中得来的”；火是在一定温度下产生的某些物体对其他物体特别是对氧气的关系。人看见风吹幡动，这是在一定光线、一定环境中，风、幡和人（人眼、人脑）的复杂关系的产物。瑞士当代哲学家和心理学家皮亚杰在《发生认识论原理》的第一章开头就指出，对认识的研究，不能局限于古典论述，不能只从两个极端中来回往复：或者说认识信息都来源于客体，或者说是主体把自己内部的结构加之于客体。他说：

> 认识既不是起因于一个有自我意识的主体，也不是起因于业已形成的（从主体的角度看）、会把自己烙印在主体之上的客体；认识起因于主客体之间的相互作用，这种作用发生在主体和客体之间的中途，因而同时既包含着主体又包含着客体，但这是由于主客体之间的完全没有分化，而不是由于不同种类事物之间的相互作用。

皮亚杰的主要的突出的贡献是，他特别重视中介物对于认识论研究的意义，他说的中介物就是活动。皮亚杰的观点被前苏联的心理学家列昂捷夫所吸收，他将活动的概念引进认识论，特别强调：

对现实的反映是在从事认识的人们与周围人类世界实际联系的发展过程中产生和发展的。研究社会意识形式，就是要分析社会存在、社会所固有的生产方式和社会关系体系；研究个体的心理，就是要分析个体在其身临的这种社会条件和具体情况下的活动。

现代物理学、生物学、计算机科学的发展，给认识论研究以全新的推动力，古典式的极端的非此即彼的方式行不通了。“风幡”之议作为认识论之谜，则仍能吸引我们不断地探究，不断地寻求更完整更全面的答案。

从“风幡”之议中，我们联想到对“关系”的认识，不是死板地扣住孤立的个体不放，而是把眼光扩展到诸多事物的关系，这种思维方法对于思维的效率、成果至为重要。佛经中也有这方面的启示。《楞严经》中说：

譬如琴瑟、箜篌、琵琶，虽有妙音，若无妙指，终不能发。汝与众生，亦复如是。宝觉真心，各各圆满；如我按指，海印发光……（“海印”比喻修行者受佛启悟像海之映月而生光辉）

美妙的乐音来自琴弦、来自手指，又不只是琴弦、不只是手指，它来自琴弦、手指、空气的相互作用。

任何单独的一个方面，都无法产生相互作用的那种效果；这效果也不是几种因素的相加，而是整合、交融的结果。《楞严经》的比喻，很有理趣，富于哲学意味和审美意味，其影响词人诗人，非只一代。唐代韦应物《听嘉陵江水声寄深上人》诗写道：

凿崖泄奔湍，称古神禹迹。
夜喧山门店，独宿不安席。
水性自云静，石中本无声。

如何两相激，雷转空山惊？
贻之道门旧，了此物我情。

这首诗寄给僧人，取意于佛经是很自然的。它把琴与指换成了水与石，哲学涵义没有变，而审美意蕴更深厚了。最后，归结到“物”与“我”的关系。“我”的“心”似琴弦、似山石，客观事物似手指、似泉水，两者相激，才有各种表象、各种情感、各种观念。表象、情感、观念，既不单独在我，也不单独在物，而在物我关系。苏轼《西山诗和者三十余人再用前韵为谢》其中有几句作者自注出于韦应物：

遥知二月春江阔，雪浪倒卷云峰摧。
石中无声水亦静，云何解转空山雷？
欲就诸公评此语，要识忧喜从何来。
愿求南宗一勺水，往与屈贾湔余哀。

苏轼要请朋友们评说韦应物的诗句，评说佛教的禅理禅意。他的意思是，主体发挥自身的调适能力，能够化解外界不利的刺激；动者自心，只要善于自我把握，无论处境顺逆，都能无忧无喜，保持宁静的心境。苏轼另有《琴诗》一首，为人们所熟悉。诗曰：

若言琴上有琴声，放在匣中何不鸣？
若言声在指头上，何不于君指上听？

这首诗作者曾用以赠人，其人先赠苏轼一琴，苏轼致函说，自己不解弹琴，恰逢纪姓老者来访，其侍者作数曲，“拂历铿然”，乃成一偈（见《与彦正判官书》）。由此可见，苏轼视此诗为偈语，看重它所寓含的佛理。不必怀疑，这里深藏着他后半生安身立命之道。认识论的命题到中国文人手里，变成人生哲学的指针，这里又是一个合适的例例证。

禅悦和禅风

张中行

看山仍是山，看水仍是水。这种随缘而不为物扰的自由无碍的境界，可以随时随地表现为各种形态，也许应该算作最高的禅悦。

一　得道和望道

参禅，开悟，得受用，心境常处于一种不为物扰、自由自在的状态，这状态经常表现于外，我们称为禅悦。多人的禅悦表现于外，互相影响，甚至推波助澜，成为风气，我们称为禅风。禅风由禅悦体现，因而同是一事，缩小说是禅悦，放大说是禅风。分开，有时不容易，也没有必要，所以这里合在一起说。

禅悦是禅悟后的所得，显然，能悦不能悦，关键在于能悟不能悟。这就引来一个问题：南宗禅，从六祖慧能到现在，时间超过一千年，出家在家四众，人数多到数不清，究竟有多少是悟了的？确切的答案是不可能有的。原因很多。一是文献不足，如见于僧传、传灯录一类书的人名，也许不到四众的万千分之一。二是见于经传的，某一人，究竟悟没悟，我们只能根据道听途说，而不能检验。三是即使能检验，也不能找到有效的测定办法，以求得确切的结果。不得已，还是只能根据常情推断，这常情，包括人同此心，心同此理，也包括禅宗典籍以外的各类书的记载。根据这些，我们可以推知，专说出家的，过禅林生活，用力参禅求解脱的总是少数，绝大多数是把这看作生路的一种，温饱之外别无所求。再说用力参禅求解脱的，真能“心”出家，不再有俗世挂碍的究竟有多少？恐怕是稀如星凤。禅师们也承认这种情况，如盘山宝积禅师说："向上一路，千圣不传，学者劳形，如猿捉影。"（《五灯会元》卷三）涌泉景欣禅师说："见解人多，行解人万中无一个。"（同上书卷六）首山省念禅师转述他老师风穴延沼的话说："聪敏者多，见性者少。"（同上书卷十一）洞山晓聪禅师说："说禅说道易，成佛成祖难。"（同上书卷十五）白杨法顺禅师说："染缘易就，道业难成。"（同上书卷二十）染缘是受俗世影响，如顺水行舟，道业是不为物扰，如逆水行舟，这不只是禅林的，而且是佛门的大困难，想克服是太不易了。

悟了，得禅悦的受用，是得了道。这虽然是少数，但我们总当承认有此一境，情况留到下面说。等而下之，人数增多，是希求悟而没有悟，可以算作望道而未之见。再等而下之，人数也许更多，只是寻求生路，不望道，少数甚至败道，那就是有禅之名而无禅之实了。这一章谈禅悦和禅风，当然是指那些得了道的，虽然这得的实况（质），以及程度深浅（量），想说得既清楚又确实是难于做到的。

二　一种安乐

安乐，或化简说乐，在人生的路程中碰头碰脑，虽重大而并不稀奇，可是无论是理论上还是实际上，都会牵涉到许多不容易解决的问题。乐有没有终极价值？这是理论方面的大问题，求得圆满的解答很难，而且，由实用方面看，远水不解近渴。近渴也许没有什么理论价值，可是因为最实际、最迫切，所以人们反而更加关心。一般是不问天而顺天，想尽办法避苦就乐。视避苦就乐为生活之道，古今中外的人，几乎可以说都属于一派。分派是来于：一，看什么为乐；二，用什么办法求得。这里化繁为简，只说两派。一派是常人的，率性，仍旧贯，头疼医头，脚疼医脚，零碎解决，还常常不管后果。酒狂就是个好例，只图短时的飘飘然，竟把浪费、伤身、为亲者痛等置于脑后而不顾。许多正当事同样会引来苦恼。其中最突出的是成年后的成家立业，找异性未必一帆风顺，是苦，风顺了，生儿育女，经济问题，教养问题，也未必事事如意，还会带来多种烦恼。怎么办？昔日是认命，忍，今日是努力克服，万不得已就得过且过。由这类苦或烦恼间生出另一派，佛家。他们不愿意拖泥带水地解决，而想把苦或烦恼扫光。办法呢？他们由心理学下手，分析苦或烦恼，知道那是来于求而不得。那么，彻底的灭苦之道自然只能是无所求，具体说是灭“欲”，以及为欲火上浇油的“情”。欲、情，习生俱来，想灭，不是顺天，是逆天，自然很难。这里且不管难不难，只说他们确是有“大雄”精神，真就去干。干分作两个方面：一是讲道理，从各个方面说明万法皆空，俗世认为的可欲之物并不可欲。一是身体力行，就是真移住山林，过淡泊宁静的生活，以求出世间。这样的理想能够实现吗？实事求是，我们似乎不能不承认两种情况：一是很难，所以，专就南宗禅说，平实教导之不足，才急得说机锋，用棒喝。另一是有些人确是有所得，因为，由多种表现可以看出来，他们的生活大异于世俗，像是不再有常人那样的情欲和烦恼。

不再有情欲和烦恼，要经过一种剧烈的心理变化。变化的具体情况以及程度，很难说，或者说，会因人而异。如日本铃木大拙就以为，禅悟后可以物我合一。禅悟后真能有这样的神秘觉知吗？说能，说不能，都无法证明，因为具体的觉知不能移位。我们是常人，总愿意，即使神乎其神，最好也不离常识太远。所以解释心理变化，还是希望不过于神乎其神。就是说，这变化是平实的，如常人的过去觉得孩子可爱、现在觉得孩子不可爱就是。禅悟的变化当然比常人的爱恶变化深远，那是总的，对于世俗的可欲之物，不再觉得可欲，甚至进一步，不再觉得质实的一种确信，或换个说法，是灭了情欲。情欲灭的心理状态，可以称为禅境。这禅境，是一种心理的清净，心理的坚实，因而就可以不为物移，不为境扰，又因而就不会再有因求而不得而生的苦或烦恼。无苦或烦恼，是佛家设想的一种特有的安乐，它的来源不是叔本华的除苦或减苦，而是无所求（指情欲的求，不是衣食之类的求），其结果或所得是不再有情欲的系缚，可以自由无碍地生活。参禅求悟，所求是这种无情欲的心理状态，得此心理状态就是了了生死大事，得到常乐我净。

对于佛家设想的安乐，可以有两种看法：一来于不平等观，党同伐异，说求常乐我净是避世，是消极的。一来于平等观，承认人人有确定自己的人生态度的权利，说求禅悟是想彻底解决，虽然不容易，却不失为一种高妙的理想。其实，就是我们常人，虽然在道的方面与佛门不能不有距离甚至大距离，对于禅悟和禅悟之后的感受，还是不能不感兴趣甚至表敬佩之意的。先看看禅悟。如：

云峰文悦禅师——未几，（大）愚（守芝）移翠岩，师纳疏罢，复过翠岩求指示，岩曰："佛法未到烂却；雪寒，宜为众乞炭。"师亦奉命。能事罢，复造方丈，岩曰："堂司阙人，今以烦汝。"师受之不乐，恨岩不去心地。坐后架，桶箍忽散，自架堕落，师忽然开悟，顿见岩用处。走搭伽梨（大袈裟），上寝堂，岩迎笑曰："维那，且喜人事了毕！"（《五灯会元》卷十二）

荐福悟本禅师——由是益锐志，以狗子无佛性话，举无字而提撕。一夕将三鼓，倚殿柱昏寐间，不觉"无"字出田吻，忽尔顿悟。后三日，妙喜（径山宗杲）归自郡城，师趋丈室，足才越阃，未及吐词，妙喜曰："本胡子这回方是彻头也。"（同上书卷二十）

云峰志璿禅师——上堂："瘦竹长松滴翠香，流风疏月度炎凉。不知谁住原西寺，每日钟声送夕阳。"（同上书卷十六）

蓬莱圆禅师——师有偈曰："新缝纸被烘来暖，一觉安眠到五更。闻得上方钟鼓动，又添一日在浮生。"（同上书卷十八）

两首七绝写的都是禅境的安乐，比世外桃源更加世外，因为不只无争夺，简直连置身于内的心也没有了。

禅悦和禅风的安乐，可以表现为多种样式，以下分别举例介绍。

1. 不改其乐

《庄子·德充符》引孔子的话说："死生亦大矣。"王羲之作《兰亭集序》把这句话重复一遍，后面还加上一句："岂不痛哉!"这里说的是死生，其实是重在说死。人是生物，有生必有死，这是理。但理常常不能胜情，上寿百年，到弥留之际仍然不免于憾憾，是想活下去，这是情。这种情，用佛家的话说是生死事大，使无量数的人，轻则感到空幻，重则感到刺心。以见于经传的人物为例，陆机是被杀的，到刑场还想再闻华亭鹤唳；曹操是善终的，最后还嘱咐分香卖履；总之都是舍不得。舍不得而终于不得不舍，也就终于不得不接受苦；何况这苦还是最终的，不会再有乐来补偿。入世的人，高到圣贤，也知道心安理得之不易，这不易，在对付生死事大问题的时候表现得更为突出。怎么处理？就一般人说，是逆来顺受，不管。自然，这样也可以渡过去，而且通常也许是无言地渡过去。但问题仍在，是人人可以想到的，因为到弥留之际，自己也未必能坦然，心安理得。就是在这个问题上，常人的生活之道和禅有了大分别，因为禅境里已经没有这类执着。看下面的例子：

> 圆通缘德禅师——本朝（宋朝）遣师问罪江南，（李）后主纳土矣，而胡则者据守九江不降。大将军曹翰部曲渡江入寺，禅者惊走，师淡坐如平日，翰至，不起不揖。翰怒诃曰："长老不闻杀人不眨眼将军乎?"师熟视曰："汝安知有不惧生死和尚邪!"翰大奇，增敬而已。（《五灯会元》卷八）
>
> 瑞鹿遇安禅师——（宋太宗）至道元年春，将示寂，有嗣子蕴仁侍立，师乃说偈示之："不是岭头携得事，岂从鸡足付将来。自古圣贤皆若此，非吾今日为君裁。"付嘱已，澡身易衣，安坐，

令舁棺至室。良久，自入棺。经三日，门人启棺，睹师右胁吉祥而卧。四众哀恸，师乃再起，升堂说法，诃责垂诫："此度更启吾棺者，非吾之子。"言讫，复入棺长住。（同上书卷十）

洞山良价禅师——师将圆寂……师乃问僧："离此壳漏子，向甚么处与吾相见?"僧无对。师示颂曰："学者恒沙无一悟，过在寻他舌头路。欲得忘形泯踪迹，努力殷勤空里步。"乃命剃发，澡身披衣，声钟辞众，俨然坐化。时大众号恸，移晷不止。师忽开目谓众曰："出家人心不附物，是真修行。劳生惜死，哀悲何益!"复令主事办愚痴斋。众犹慕恋不已，延七日，食具方备。师亦随众斋毕，乃曰："僧家无事，大率临行之际，勿须喧动。"遂归丈室，端坐长住。（同上书卷十三）

重云智晖禅师——师将顺世，先与王公（节度使王超）言别，嘱护法门。王公泣曰："师忍弃弟子乎?"师笑曰："借千年亦一别耳。"及归，书偈示众曰："我有一间舍，父母为修盖，住来八十年，近来觉损坏。早拟移别处，事涉有憎爱，待他摧毁时，彼此无妨碍。"乃跏趺而逝。（同上）

这记的也许经过修润，但至少我们要承认，心不为死扰，是佛家努力企求的一个境界，依理，禅悟后情欲已灭，应该能够获得这个境界。如果是这样，这种弥留之际的坦坦然，就很值得一般人深思了。

2. 另一种面目

公安派文人袁宏道《孤山》一文说："孤山处士妻梅子鹤，是世间第一种便宜人。我辈只为有了妻子，便惹许多闲事，撇之不得，傍之可厌，如衣败絮行荆棘中，步步牵挂。"这说的还是最普通的世俗生活，只是娶妻生子，没有涉及利禄。其实，人生一世，无论怎样谦退，总会或多或少地碰到利禄，这就不能不争夺，小则勾心斗角，大则明枪暗剑。结果是患得患失，也就不能躲开苦或烦恼。禅悟当然要断这类苦或烦恼，办法是走另一条路，不同于世俗的一条路。如：

鸟窠道林禅师——后见秦望山有长松，枝叶繁茂，盘屈如盖，遂栖止其上，故时人谓之鸟窠禅师。复有鹊巢勺其侧，自然驯狎，人亦目为鹊巢和尚……（唐宪宗）元和中，白居易侍郎出守兹郡，因入山谒师，问曰：“禅师住处甚危险。”师曰：“太守危险尤甚。”白曰：“弟子位镇江山，何险之有？”师曰：“薪火相交，识性不停，得非险乎？”（《五灯会元》卷二）

（潭州）龙山和尚——洞山（良价）与密师伯（神山僧密）经由次，见溪流菜叶，洞曰：“深山无人，因何有菜随流，莫有道人居否？”乃共议拨草溪行。五七里间，忽见师羸形异貌，放下行李问讯。师曰：“此山无路，阇黎从何处来？”洞曰：“无路且置，和尚从何而入？”师曰：“我不从云水来。”洞曰：“和尚住此山多少时邪？”师曰：“春秋不涉。”洞曰：“和尚先住，此山先住？”师曰：“不知。”洞曰：“为什么不知？”师曰：“我不从人天来。”洞曰：“和尚得何道理，便住此山？”师曰：“我见两个泥牛斗入海，直至于今绝消息。”洞山始具威仪礼拜。……洞山辞退，师乃述偈曰：“三间茅屋从来住，一道神光万境闲。莫把是非来辨我，浮生穿凿不相关。”因兹烧庵，入深山不见。（同上书卷三）

船子德诚禅师——至秀州华亭，泛一小舟，随缘度日，以接四方往来之者，时人知其高蹈，因号船子和尚。一日，泊船岸边闲坐，有官人问：“如何是和尚日用事？”师竖桡子曰：“会么？”官人曰：“不会。”师曰：“棹拨清波，金鳞罕遇。”师有偈曰：“……千尺丝纶直下垂，一波才动万波随。夜静水寒鱼不食，满船空载月明归。……”（同上书卷五）

京兆蚬子和尚——事迹颇异，居无定所。自印心于洞山，混俗闽川。不畜道具，不循律仪。冬夏唯披一衲。逐日沿江岸采掇虾蚬，以充其腹。暮即宿东山白马庙纸钱中。居民目为蚬子和尚。（同上书卷十三）

这是“在陋巷，人不堪其忧，回也不改其乐”一类。但颜回守的是儒道，以上几位坚守的是禅境，多有世外味。这也是一种禅悦，惯于世间热闹的人是不大能够体会的。

3. 世事浮云

这与上一节所谈是同一种生活态度的两面，上一节是取，这一节是舍。《论语·述而》篇记孔子的话说：“不义而富且贵，于我如浮云。”这是有条件的舍，就是说，有时候可以不舍。禅林的舍是无条件的，即俗话说的看破红尘，把世俗信为可欲的事物都扔掉。如：

丹霞天然禅师——本习儒业，将入长安应举，方宿于逆旅……偶禅者问曰：“仁者何往？”曰：“选官去。”禅者曰：“选官何如选佛？”曰：“选佛当往何所？”禅者曰：“今江西马大师出世，是选佛之场，仁者可往。”遂直造江西。（《五灯会元》卷五）

雪峰义存禅师——（后）梁开平戊辰三月示疾，闽帅命医，师曰：“吾非疾也。”竟不服药。遗偈付法。五月二日，朝游蓝田，暮归澡身，中夜入灭。（同上书卷七）

佛手岩因禅师——寻抵庐山。山之北有岩，如五指，下有石窟，可三丈余，师宴处其中，因号佛手岩和尚。江南李主三召不起。坚请就栖贤，开堂不逾月，潜归岩室。（同上书卷十四）

芙蓉道楷禅师——（宋徽宗）大观初，开封尹李孝寿奏师道行卓冠丛林，宜有褒显，即赐紫方袍，号定照禅师。内臣持敕命至，师谢恩竟，乃陈己志：“出家时尝有重誓，不为利名，专诚学道，用资九族，苟渝愿心，当弃身命。父母以此听许。今若不守本志，窃冒宠光，则佛法亲盟背矣。”于是修表具辞。复降旨京尹，坚俾受之。师确守不回，以拒命坐罪。奉旨下棘寺，与从轻。寺吏闻有司，欲徒淄州。有司曰有疾，与免刑。及吏问之，师曰：“无疾。”曰：“何有灸瘢邪？”师曰：“昔者疾。今日愈。”吏令思之，师曰：“已悉厚意，但妄非所安。”乃恬然就刑而行。（同上）

舍，也许比取更不易，因为是可有而无，或已有而无，会引来更深的烦恼。江南李后主就是个好例，到吟诵“雕栏玉砌应犹在，只是朱颜改”的时候，心情会是怎样呢？禅林的得道者看清了这一点，所以总是看世间的利禄如浮云。这种无所恋慕的心理状态会产生另一种满足，是禅悦。

4. 奇言异行

奇是不同于常。出家是不同于常。这不同，浅的，表现于身或外，如剃发、住山林、着袈裟、不茹荤、过远离异性的生活，等等都是。深的，藏于内，不直接可见，如守戒，因定发慧，以求解脱，等等都是。外内如此，是身心都出家的。都出家，会给常人一种印象，是道不同，或说奇。身心都出家，未必就是已经得禅悟。得不得，要看已否破了世俗的知见，灭了世俗的情欲。破了，灭了，心情有了大变化，有诸内就不能不形于外。这新的心理状态与世俗大异，表现于外，或言或行，也就必致大异。如：

五台隐峰禅师——入五台，于金刚窟前将示灭，先问众曰："诸方迁化，坐去卧去，吾尝见之，还有立化也无?"曰："有。"师曰："还有倒立者否?"曰："未尝见有。"师乃倒立而化，亭亭然其衣顺体。时众议舁就荼毗，屹然不动。远近瞻睹，惊叹无已。师有妹为尼，时亦在彼，乃拊而咄曰："老兄，畴昔不循法律，死更荧惑于人!"于是以手推之，偾然而踣。(《五灯会元》卷二)

镇州普化和尚——唐咸通初，将示灭，乃入市谓人曰："乞我一个直裰!"人或与披袄，或与布裘，皆不受，振铎而去。临济（义玄）令人送与一棺，师笑曰："临济厮儿饶舌。"便受之，乃辞众曰："普化明日去东门死也。"郡人相率送出城，师厉声曰："今日葬不合青乌。"乃曰："明日南门迁化。"人亦随之，又曰："明日出西门方吉。"人出渐稀。出已还返，人意稍怠。第四日，自擎棺出北门外，振铎入棺而逝。(同上书卷四)

临济义玄禅师——师与王常侍到僧堂，王问："这一堂僧还看经么?"师曰："不看经。"曰："还习禅么?"师曰："不习禅。"曰："既不看经，又不习禅，毕竟作个什么?"师曰："总教伊成佛作祖去。"(同上书卷十一)

宝藏本禅师——上堂："清明已过十余日，化雨阑珊方寸深。春色恼人眠不得，黄鹂飞过绿杨阴。"遂大笑，下座。(同上书卷十九)

这样的言行，近于常人的玩世不恭，却超过常人的玩世不恭。常人的玩世不恭，根柢是阮籍、刘伶的愤激，骨子里还是入世的。禅师们不然，是不再有执着，乱说乱行都可以自得其乐，这乐是禅悦。

5. **自由无碍**

出家修行，要守戒律。戒律，前面说过，多而且细，在其拘束下生活，当然就谈不到自由。这是企图断了世间这条线，以便能够甘心出世间；或者说，企图断了世间的知见和情欲，以便不因物扰而受苦。这种努力是艰苦的，正如常人见到的规矩出家人的举止所显示，都是貌严肃而心在沉思。这种心理状态中也有乐的成分吗？像是很少，因为那至多还是看山不是山、看水不是水的时期，要严防走回头路，顾不上。禅悟的要求是超过这种谨小慎微、怕狼怕虎的心理状态。因为悟了，世俗的知见和情欲已经没有，就可以如柳下惠的坐怀而不乱，或用禅林的话形容，看山仍是山，看水仍是水。这种随缘而不为物扰的自由无碍的境界，可以随时随地表现为各种形态，也许应该算作最高的禅悦。随便举一些例：

益州西睦和尚——上堂，有俗士举手曰："和尚便是一头驴。"师曰："老僧被汝骑。"（《五灯会元》卷四）

亡名古宿——昔有老宿畜一童子，并不知轨则，有一行脚僧到，乃教童子礼仪。晚间见老宿外归，遂去问讯。老宿怪讶，遂问童子曰："阿谁教你？"童曰："堂中某上座。"老宿唤其僧来，问："上座傍家行脚，是甚么心行？这童子养来二三年了，幸自可怜生，谁教上座教坏伊？快束装起去。"黄昏雨淋淋地，被趁出。（同上书卷六）

芙蓉道楷禅师——（宋徽宗政和）八年五月十四日，索笔书偈，付侍僧曰："吾年七十六，世缘今已足。生不爱天堂，死不怕地狱。撒手横身三界外，腾腾任运何拘束。"移时乃逝。（同上书卷十四）

白云守端禅师——上堂："释迦老子有四弘誓愿云，众生无边誓愿度，烦恼无尽誓愿断，法门无量誓愿学，佛道无上誓愿成。法华亦有四弘誓愿：饥来要吃饭，寒到即添衣，困时伸脚睡，热处爱风吹。”（同上书卷十九）

一切无所谓，这是外貌；骨子里却是有坚实的壁垒，因而任何外力才攻不破。这是心境的彻底安然，所以可以算作最高的禅悦。

6. 小机大用

在某种机缘下，以禅悟的眼睛看世界，灵光一闪，表现为语言，词句平常而意义深远，有超然世外，治大国如烹小鲜的气势，这是禅的最通常的表现，可以称为小机大用。如：

西堂智藏禅师——师住西堂，后有一俗士问：“有天堂地狱否?”师曰：“有。”曰：“有佛法僧宝否?”师曰：“有。”更有多问，尽答言有。曰：“和尚恁么道莫错否?”师曰：“汝曾见尊宿来邪?”曰：“某甲曾参径山（道钦）和尚来。”师曰：“径山向汝作么生道?”曰：“他道一切总无。”师曰：“汝有妻否?”曰：“有。”师曰：“径山和尚有妻否?”曰：“无。”师曰：“径山和尚道无即得。”（《五灯会元》卷三）

平田普岸禅师——临济（义玄）访师，到路口，先逢一嫂在田使牛。济问嫂：“平田路向什么处去?”嫂打牛一棒曰：“这畜生到处走，到此路也不识!”济又曰：“我问你平田路向什么处去。”嫂曰：“这畜生五岁尚使不得。”济心语曰：“欲观前人，先观所使。”便有抽钉拔楔之意。及见师，师问：“你还曾见我嫂也未?”济曰：“已收下了也。”（同上书卷四）

光孝慧觉禅师——师领众出，见露柱，乃合掌曰：“不审世尊……”僧曰：“和尚是露柱?”师曰：“啼得血流无用处，

> 不如缄口过残春。”（同上）
>
> 奉先深禅师——师同明和尚（清凉智明）到淮河，见人牵网，有鱼从网透出，师曰：“明兄俊哉！一似个衲僧相似。”明曰：“虽然如此，争如当初不撞入网罗好！”师曰：“明兄你欠悟在。”（同上书卷十五）

话都说得轻松幽默，却有值得参详的深意。（1）是指点那个俗士，有执，离无还远得很。（2）意思比较明显，是勉励临济要努力；临济心领神会，表示已经受到教育。（3）意思比较隐晦，是说成佛要靠明白性，如露柱不言，比用力外求好。（4）意思是烦恼即菩提，没有烦恼的菩提不是佛法。由这一点点例可见，小机大用的语言，透露的是禅的智慧之光，不只值得禅林内的人深思，也值得禅林外的人深思。事实是，禅林外的人都很欣赏这种智慧在语言中的灵光一闪，因为欣赏，就乐于模仿，情况留到后面说。

7. 禅境中往还

前面说过，禅悟后的主观意境，各个人的虽然不能相同，却可以属于同一个意境类。不同的人，在同一个意境类中相遇，自然会相视而笑，莫逆于心。这是禅悦和禅风在人与人间的一种常见的表现，像是禅味最浓厚，不只值得禅内的人深思，而且值得禅外的人欣赏。如：

> 温州净居尼玄机——往参雪峰（义存），峰问：“甚处来？”曰：“大日山来。”峰曰：“日出也未了？”师曰：“若出则熔却雪峰。”峰曰：“汝名甚么？”师曰：“玄机。”峰曰：“日织多少？”师曰：“寸丝不挂。”遂礼拜，退。才行三五步，峰召曰：“袈裟角拖地也。”师回首，峰曰：“大好寸丝不挂。”（《五灯会元》卷二）

庞蕴居士——（唐宪宗）元和申，北游襄汉，随处而居。有女名灵照，常鬻竹漉篱以供朝夕。……士坐次，问灵照曰：“古人道，明明百草头，明明祖师意，如何会?”照曰：“老老大大作这个话语!”士曰：“你作么生?”照曰：“明明百草头，明明祖师意。”士乃笑。士因卖漉篱，下桥吃扑，灵照见，亦去爷边倒。士曰：“你做甚么?”照曰：“见爷倒地，某甲相扶。”士将入灭，谓灵照曰：“视日早晚，及午以报。”照遽报：“日已中矣，而有蚀也。”士出户观次，灵照即登父座，合掌坐亡。士笑曰：“我女峰捷矣。”于是更延七日，州牧于公頔问疾次，士谓之曰：‘但愿空诸所有，慎勿实诸所无。好住，世间皆如影响。”言讫，枕于公膝而化。（同上书卷三）

赵州从谂禅师——师到黄檗（希运），檗见来便闭方丈门，师乃把火，于法堂内叫曰：“救火！救火!”檗开门捉住曰：“道！道。”师曰：“贼过后张弓。”到宝寿（法名待考），寿见来，于禅床上背坐，师展坐具礼拜。寿下禅床，师便出。又到道吾（宗智），才入堂，吾曰：“南泉（普愿）一只箭来也!”师曰：“看箭!”吾曰：“过也。”师曰：“中。”又到（鄂州）茱萸（和尚），执拄杖，于法堂上从东过西，萸曰：“作甚么?”师曰：“探水。”萸曰：“我这里一滴也无，探个甚么?”师以杖椅壁，便下。（同上书卷四）

临济义玄禅师——黄檗（希运）一日普请次，师随后行。檗回头，见师空手，乃问：“钁在何处?”师曰：“有一人将去了也。”檗曰：“近前来！共汝商量个事。”师便近前。檗竖起钁曰：“只这个天下人拈掇不起。”师就手掣得，竖起曰：“为甚么却在某甲手里?”檗曰：“今日自有人普请。”便回寺。师普请锄地次，见黄檗来，拄钁而立。檗曰：“这汉困那?”师曰：“钁也未举，困个甚么!”檗便打。师接住棒。一送送倒。

檗呼维那："扶起我来。"维那扶起，曰："和尚争容得这风颠汉无礼?"檗才起，便打维那。(同上书卷十一)

言谈举止都与常情有别，因为是在禅境中交往。这禅境中的种种，有的比较易解，如"寸丝不挂"是表示已悟，破了执，所以雪峰才开个玩笑以表示还信不过。较多的地方比较难解，如灵照的倒在父旁，黄檗的乱打等。局内人是不是都能得其确解？这我们无法知道。我们能知道的只是，置身于这样的禅的气氛中，就是不求甚解，也可以获得或多或少的禅风的喜悦。

三　几句附加的话

以上介绍禅悦和禅风，说的都是正面的话，就是喊好而没有挑剔。这一节把立足点往远处移一移，说几句近于评论的话。

还是先说正面的，是由作用方面看，在禅林的所有事物中，居首位的必是禅悦和禅风。原因可以想见。如一，出家人禅林，是求解脱，了生死大事，兢兢业业，日积月累，是希望终于能够豁然贯通，天地变色，坚守自性而不再为物扰。这样的心体湛然，自由无碍（或说苦灭），是大获得。可是它深藏于内，身外看不见；能看见的只有表现于外的禅悦和禅风，所以它就成为禅林的最可贵的财富。二，其他事物，如坐禅、课诵、吃斋、普请（生产劳动）等，都是例行公事，谈不到悦，或者还含有麻烦或苦的成分。三，未出家而想出家的，已出家而安于住禅林的，除受某些条件的驱遣以外，还要受某些力量的吸引，这吸引的力量中，禅悦和禅风是重大的一种，纵使不是惟一的一种。四，禅林外的人，上至大官裴休、大名士苏轼等，下至不见经传的小知识分子，感兴趣，倾倒，甚至模仿、吸收以致用的，着眼点主要不是万法皆空、自性清净等理论，而是禅悦和禅风。五，也就因此，传世的禅宗典籍，着重宣扬的也是这个，如赵州、临济的疯疯癫癫之类。

疯疯癫癫，是有诸内而形于外，这就使我们不能不想到内外的关系问题。论重轻，是内重外轻：内是世俗知见和情欲灭，外是疯疯癫癫。在重轻之下定取舍，可以取重舍轻而不当取轻舍重，就是说，可以于世俗知见和情欲灭之后而不表现为疯疯癫癫，决不可表现为疯疯癫癫而世俗知见和情欲并未灭。内外还有难易的分别，自然是内难而外易。最难办的是：一，外可见而内不可见；二，连内外的链条或则不可见，或则似可见而不能很清晰。二的情况很复杂。有时候，外，表现为行动，如破戒之类，成为并未悟的确证，当然据此可以推断，内外间并没有链条连结着。但这也许应该划入“不共住”的范围，不是这里所应讨论的。另一种情况，如丹霞烧木佛，赵州说狗子无佛性，这外的表现，怎么能证明与内有链条连结着呢？还有一种情况，如有些禅师喝酒、作艳诗，如果有链条连结着，这内是一种什么情况？

这就使我们不能不想到一个禅林中的非常严重的问题：既然由外难于见内，会不会有些外的表现，并没有内的根据？甚至其中有一些是出于扮演？我的想法，说有，不容易，因为只能凭推测，举确证难；说无，更不容易，因为自宋以下，禅渐渐近于世俗，而疯疯癫癫则有增无减，说是都有诸内而形于外，在理上是很难圆通的。无诸内而形于外，是假禅悦，不好，如果成为风就更不好，因为这样一来，轻则是生死大事不能了，重则会成为禅的消亡。作为一种灭苦的生活之道，就说是过于理想，甚至近于幻想吧，消亡，总是太可惜了。

作诗与参禅

季羡林

禅与诗的关系是相互影响的，相互起作用的。正如元好问在《赠嵩山隽侍者学诗》中所说的：“诗为禅客添花锦，禅是诗家切玉刀。”

诗与禅，或者作诗与参禅的关系，是我国文学史、美学史、艺术史、思想史等等中的一个重要问题。在一些与中国文化有关的国家，比如韩国和日本等国中，这也是一个重要的问题。我们甚至可以说，在东方文化中，这个问题也有重要的意义。因此，自来论之者众矣。

我于此道绝非内行里手，只是喜欢涉猎一下而已。而且我的涉猎面虽广，却是浅尝辄止，一点也不够深入。仅就我涉猎所及，我发现，谈这个问题的典籍，一千多年以来，多得不得了。一直到今天，此风未息。论文专著，层出不穷。内容丰富，词彩动人，读起来令我如入山阴道上，目不暇接。但是，一旦掩卷沉思，则又似乎没有在脑海里留下多少东西，杂乱而混沌，一点也不明朗。有的人钻研得很深；但是，人们如果想理出一点头绪，则又似乎抓不住一条纲，依然是杂乱而混沌。这问题真有点像镜花水月，可望而不可即。我怅然懵然。记得西方某一位名人说过，读别人的书，就好像是让别人在自己脑袋里跑马。我让人在自己脑袋里跑马，次数之多，无法统计了。结果并没能跑出一个所以然来。我在怅然懵然之余，窃不自量力，索性让我自己在脑袋里跑一趟马，也许能跑出一点名堂来。既然不是内行里手，跑马难免跑出了圈子，跑入非想非非想中。好在精通此道真正内行专家到处都有。我相信，他们会把我的马缰绳牢牢抓住的。

我想谈以下几个问题。

一　中国古籍中对诗禅关系的看法

作诗，这几乎是世界上所有的国家所共有的活动，而参禅则似乎只限于中国和同中国有文化渊源关系的少数几个国家。中国的禅宗，虽然名义上来自印度，实则完全是中国的产物。印度高僧菩提达摩被尊为东土初祖。据说当年灵山会上，如来拈花，迦叶微笑，师徒会心，灵犀一点。这种心法由迦叶传了下来，不知几年几代，传给了达摩。这故事本身就接近神话，印度和中国和尚编的那一套衣钵传承的几祖几祖，又是没法证实的。达摩带到中国来的“法”，当然也就虚无缥缈。反正中国后来的禅宗，同后汉安世高等带进来的禅学，根本不是一码事。总之，禅宗是在中国兴盛起来的。严格地说，禅宗是在五祖弘忍以后才畅行。而大盛于六祖慧能（638－713）。为什么单单在中国这块土地上，单单在中国的文化环境中，禅学才能兴旺发展？这个问题比较复杂，我在这里先存而不论。这篇论文写完时，读者也许能从字里行间得到答案。

禅宗思想在中国兴起以前，中国的诗歌已经有了很长的历史。足证作诗与参禅没有必要的联系。但自禅宗思想流行以后，很多人都把作诗与参禅紧密地联系起来。这样的例子真正是举不胜举，我在下面只举出几个来，以便作三隅之反。

禅宗大盛于唐。初、中唐时期，许多大诗人受到禅宗的影响，在创作实践方面，援禅入诗，写了一些禅味极浓的诗。到了晚唐，在理论方面，有人又把诗与禅紧密联系起来。最著名的代表是司空图，他那许多著名的提法，什么“韵外之致”、“味外之旨”、“辨于味而后可以言诗”等等，是大家都熟悉的。司空图明确地认识到诗禅的一致。他这种以禅说诗的理论，对后世中国文艺理论的发展，有极大的影响。

到了宋朝，禅宗高度发展，广泛流行。士大夫谈禅成风。他们把诗与禅更加紧密地结合了起来。我举几个例子：

韩驹《陵阳先生诗》卷一《赠赵伯鱼》：

学诗当如初学禅，未悟且遍参诸方。
一朝悟罢正法眼，信手拈出皆成章。

吴可《学诗诗》，《诗人玉屑》卷一：

学诗浑似学参禅，竹榻蒲团不计年。
直待自家都了得，等闲拈出便超然。

龚相《学诗诗》，《诗人玉屑》卷一：

学诗浑如学参禅，悟了方知岁是年。
点铁成金犹是妄，高山流水自依然。

戴复古《论诗十绝》，《石屏诗》卷七：

欲参诗律似参禅，妙趣不由文字传。
个里稍关心有悟，发为言句自超然。①

这样的例子还很多，不再抄列。这里讲的大半是，参禅学诗都要下工夫，“工到自然成”，一朝悟透，诗句便能超然。至于禅的内容，基本上没有涉及。

钱钟书《谈艺录》② 中，也引了许多关于诗禅关系的例子，并发表

① 例子都取自敏泽《中国美学思想史》，第 2 卷，第 290、291 页，齐鲁书社 1989 年版。
② 《谈艺录》补订本，中华书局 1994 年版，第 84 节。

了很精辟很深刻的意见。请读者自行参阅，不再抄录。

唐宋时代开始的有关诗与禅的意见一直对后代文艺理论的发展以及诗歌的创作，起着广泛而深入的影响。我们甚至可以说，在中国文艺理论史上，如果没有投禅入诗的活动，中国诗歌的创作和理论，将会是另一种样子，其重要性可想而知。

二　诗与禅的不同之处

上面引证的唐宋诸家学说，都把诗与禅相提并论。其中必有道理，这是完全可以肯定的。诗与禅必有共同之处，这也是完全可以肯定的。在对共同之处作细致的分析之前，我认为有必要先对二者不同之处稍加阐述，这能够加深对共同之处的理解。

从表面上来看，诗与禅的不同之处，是非常明显的。禅宗最初是主张“不立文字”的。这其实是继承了佛家的传统。从历史上来看，释迦牟尼时代，文字还不流行。印度古代，包括婆罗门教在内，师徒都是口口相传。最初既无抄本，当然更谈不到印本。到了很晚的时候，印度教徒还不允许把他们的圣经宝典《吠陀》排印出版。佛教大藏经里面，有几部讲佛祖生平的经，讲到他年幼时学习了多少多少“书”（文字）。这些经都是晚出的，不代表释迦牟尼时代的真实情况。佛陀不重文字，经中屡有记载，如《大方广宝箧经》卷上云“不著文字，不执文字”，等等①。所以我说，禅宗“不立文字”，是继承了印度佛教传统。后来禅宗却从“不立文字”发展成为“不离文字”。这又是为什么呢？这是一个颇为微妙的问题。下面我还会谈到。

禅是这样，诗则不同。钱钟书说：“了悟以后，禅可不著言说，诗必托诸文字。②

这就是诗与禅的不同之处。

---

① 钱钟书《谈艺录》，第 310 页。

② 钱钟书《谈艺录》，第 101 页。

三　诗与禅的共同之处

这是本篇论文讨论的重点。

作诗与参禅本来是两种迥乎不同的活动。我在上面已经说到，在禅宗兴起以前，中国诗歌已有极长的历史。

在欧美国家，没有什么禅宗，也都有杰出的诗歌创作。可见诗与禅并没有必然的联系。但是在中国，在禅宗兴起和流行以后，在某些诗人身上，诗和禅竟变得密不可分。

原因何在呢？这是一个非常有趣但又并不很容易回答的问题。我先笼统说上几句。禅宗的理论和实践进入中国诗，同佛教思想进入中国哲学，几乎是同步的。二者都是滥觞于两晋南北朝，初盛于唐代，大盛于宋代。原因是明显的。佛教入华以后，给中国人提供了一个观察宇宙和人生的新角度，使人耳目为之一新，立即接受下来了。这种解释几近常识，似乎可以不说；但是不说又似乎不行。

不说则很多现象无法讲清楚，诗与禅就属于这一类。说完了这个笼统的解释，还有很多细致深入的解释要去做。可是这决不能毕其功于一役。在下面的论证中，很多地方都会碰到这种解释，要请读者自己去心领神会了。

对于诗与禅的共同之处，过去的中国诗人和学者和今天的中国诗人和学者，都发表了许多精辟的见解。一言以蔽之，他们发现，诗与禅的共同之点就在“悟”或“妙语”上。我举两个当代的造诣精深的学者的意见，以概其余。第一个是钱钟书。他在《谈艺录》二八《妙悟与参禅》这一节中说：

> 夫“悟”而曰“妙”，未必一蹴即至也；乃博采而有所通，力素而有所入也。学道学诗，非悟不进。或者不好渔洋诗，遂并悟而非之，真因噎废食矣。高忠宪《困学记》云：

“平日鄙学者张皇说悟，此时只看作平常，自知从此方好下工夫耳。”陆桴亭《思辨录辑要》卷三云：“凡体验有得处，皆是悟。只是古人不唤作悟，唤作物格知至。古人把此个境界看作平常。”按刘壎《隐居通议》卷一论悟二可参观。又云：“人性中皆有悟，必工夫不断，悟头始出。如石中皆有火，必敲击不已，火光始现。然得火不难，得火之后，须承之以艾，继之以油，然后火可不灭。故悟亦必继之以躬行力学。”

下面还有非常精彩的意见，文长不具引。请读者自行参阅。钟书君的意见是切中肯綮的。我觉得陆桴亭认为“人性中皆有悟”，就有禅宗色彩。

第二位学者是敏泽。他在《中国美学思想史》[①] 中写道：

宋代禅宗广泛流行，士大夫知识分子谈禅成风，以禅喻诗成为风靡一时的风尚。其结果是将参禅与诗学在一种心理状态上联系了起来。参禅须悟禅境，学诗需悟诗境，正是“悟”这一点上，时人在禅与诗之间找到它们的共同之点。

敏泽的意见也是切中肯綮的。钟书君与敏泽异曲同工，一脉相承，都说到了点子上。我自无异议。

但是，我总还感到有点不满足。他们讲“悟”或“妙悟”，只讲了这一种思维活动，好像是一个没有宾语的不及物动词。这似乎有点空，需要补充一下，才能显得完整而切实。我觉得，至少有两个问题需要我们回答：

第一，什么叫“悟”？

第二，“悟”到了什么东西？

---

① 齐鲁书社 1989 年版，第 2 卷，第 290 页。

这都是相当重要的问题。据我涉猎所及，好像还没有哪个学者明确而完整地提出这样的问题，回答也就更谈不到。我现在不自量力，试着来回答一下这两个问题。

先谈第一个问题。《说文》：“悟，觉也。从心，吾声。”这说明，这个字是中国早就有的。可是自从佛教传入以后，在汉译佛经中，“悟”就变成了一个佛教术语，被赋予了以前不可能有的含义。从根本上来解决问题，我们先看一看，在梵文和巴利文中与汉文“悟”字相当的是些什么字。归纳起来，梵文和巴利文约略有三个动词与“悟”字相当：

> 第一个是√budh，前面可以加上词头 pra 等等，意思是“醒”、“觉”、“悟”；
>
> 第二个是√vid，前面可以加上词头 sam 等等，意思是“知道”；
>
> 第三个是√jñā，前面可以加上词头 ā 等等，意思是“知道”。

其中以第一个√budh 为最重要。汉译“佛陀”，在梵文和巴利文中是buddha，是√budh 的过去分词，意思是“已经觉悟了的人”，“觉者”，“悟者”。佛祖就是一个“觉者”、“悟者”。可见这个“悟”字的重要意义。我的第一个问题：什么叫“悟”？答案：这就叫“悟”。

第二个问题：“悟”到了什么东西？必须同上面说的这些东西联系起来，才能给予准确的答案。光是“悟”，决不能成佛，必定是“悟”到了什么重要的真理，才能成佛作祖。这是一个至关重要的关键。回答要分成两个层次：一个是小乘层次，算是低层；一个是大乘层次，是高层。释迦牟尼坐在菩提树下金刚座上，大彻大悟，成了佛。他悟到的当然还是小乘的真理。内容是什么？虽然他没有明说，其实还是颇为清楚的。他成佛后在鹿野苑首转法轮，讲的应该就是他不久前悟到的真理。

关于首转法轮，各种语言的佛经上有大量的记载，说法虽不尽相同，内容基本上是一致的，其可靠性毋庸过分怀疑。为了把初转法轮的内容比较详尽地介绍出来，我从唐天竺三藏地婆诃罗译的《方广大庄严经》卷十一《转法轮品》中把如来说法的内容抄在下面：

> 如来于初夜时，默默而过。于中夜分，安慰大众，令生欢喜。至后夜已，唤五跋陀罗而告之言：汝等应知，出家之人有二种障。何等为二？一者心著欲境而不能离。是下劣人无识凡愚，非圣所行，不应道理，非解脱因，非离欲因，非神通因，非成佛因，非涅槃因。二者不正思惟，自苦其身而求出离。过现未来皆受苦报。比丘！汝等当舍如是二边。我今为汝说于中道。汝应谛听，常勤修习。保为中道？正见、正思惟、正语、正业、正命、正精进、正念、正定。如是八法名为中道。
>
> 佛告诸比丘：有四圣谛。何等为四？所谓苦谛、苦集谛、苦灭谛、证苦灭道谛。比丘！何等名为苦圣谛？所谓生苦、老苦、病苦、死苦、受别离苦、怨憎会苦、求不得苦、五盛蕴苦、如是名为苦圣谛。何等名为苦集圣谛？所谓爱取有，喜与贪俱，希求圣乐。如是名为苦集圣谛。何等名为苦灭圣谛？所谓爱取有，喜与贪俱，希求圣乐，尽此一切。如是名为苦灭圣谛。何等名为证苦灭圣谛？即八圣道，所谓正见，乃至正定。此即名为证苦灭圣道谛。①

初转法轮的内容，大体上就是这个样子。后来初期佛教教义被归纳成三句话，称之为“三相”或者“三法印”：诸行无常，诸法无我，一切皆苦。释迦牟尼首转法轮，这三个法印几乎都包括在里面了。其中的“诸

① 《大正新修大藏经》卷三，第607页。

法无我”，是佛教重要教义，是佛教与婆罗门教斗争的重要武器。“无我”，梵文叫 anātman，意思是所谓“我”（ātman）是并不存在的，它是由初转法轮中讲到的五盛蕴（色、受、想、行、识）组成的，是因缘和合的产物，没有实体。这是释迦牟尼在菩提树下悟到的真理。佛教僧侣以及居士，如果想悟到什么东西，他们首先必须悟到“无我”。事实上中国人确已悟到“无我”了，比如徐增《唐诗解读》卷五说：“行到水穷处，去不得处，我亦便止，倘有云起，我便坐而看云起，坐久当远，偶值林叟，便与谈论山间水边之事。相与留连，则不能以定还期矣。于佛法看来，总是无我，行无所事。行到是大死，坐起是得活，偶然是任运，此真好道人行履，谓之好道不虚也。”① 这是徐增对王维《终南别业》那一首著名的诗的解释。我认为是抓住要领的。

总之，我认为，要讲“悟”到什么，首先要悟到“无我”。② 但是，仅仅悟到这个程度，还是很不够的。佛教从小乘开始，随着社会的前进，逐渐向大乘过渡。大乘最根本的教条，从信仰上来说，是菩萨思想，要广渡众生，比起声闻乘来，要广大得多了。在教义方面，这表现在最早出现的《般若经》中。《般若经》的主要思想是，法无自性，即所谓法空的思想。“空”，梵文原文是 sūnya，意思是“空虚”。许多大乘的重要经典，如《法华》、《华严》等等，其主要思想都是建立在般若基础上的。所谓“般若性空”者即是。我在这里没有可能详细介绍大乘中观派、瑜伽行派的共同点和不同之点。不管是所谓“空宗”，还是所谓“有宗”，其根本教义都是讲空。中观派讲空讲得过了头，连“佛性”、“真如”等等都想空掉。这动摇了大乘的信仰基础，因此有宗就出来加以纠正或者补充。他们之间没有根本矛盾。

---

① 转引自赖永海《佛道诗禅》第 156 页，中国青年出版社 1990 年版。

② 《方广大庄严经》在讲完初转法轮以后，紧接着就讲到十二因缘。这也是原始佛教最重要的教义之一。在初转法转时，释迦牟尼还不可能把自己的思想这样系统化。初转法轮在佛典中大量出现请参阅德国梵文学者 Rermann Oldenberg 的名著 Buddha, sein Leben, seine Lebre, seine Gemcinde, Stuttgartund Berlin, 1923, P. 142～149.

什么叫“空”呢？《中论》第二十四品说：“众因缘生法，我说即是空。亦为是假名，亦是中道义。”“法”，指的是事物。一切事物都是因缘生成，本身是不存在的，所以称之为空。佛家这一套烦琐哲学，同我现在要讨论的东西，没有多么重要的关系，姑且置而不论。

总之，要讲悟，悟到了“无我”，还不够。必须再提高一步，要悟到“空”。

我在上面回答了我提出来的两个问题：什么叫“悟”？“悟”到了什么东西？“悟”，同释迦牟尼在菩提树下悟得真理，是一脉相承的。悟得的东西低层次的是“无我”，高层次的是“空”。禅宗的思想基础是大乘空宗。因此悟空对中国禅僧和禅学诗人，是至关重要的。

中国禅宗的几个祖师所悟得的，也就是这个空。我从五祖弘忍和六祖慧能谈起。我现在根据《坛经》把他们二人一段公案简略地介绍一下。

（六）上座神秀题偈：

身是菩提树，心如明镜台，时时勤拂拭，莫使有尘埃。

（七）五祖看了偈以后，对神秀说：“汝作此偈，见即未到，只到门前，尚未得入。”对他是不够满意的。

（八）慧能是不识字的，也作了一偈，请一解书人题在壁上：

菩提本无树，明镜亦非台，佛性常清净①，何处有尘埃？

又偈曰：

---

① 许多本子作“本来无一物”，请参阅郭朋《坛经校释》第17页注，中华书局1983年版。

心是菩提树，身为明镜台，明镜本清净，何处染尘埃？

五祖认为慧能悟道，便把衣钵传给了他，并且说："法以心传心，当令自悟。"神秀和慧能的两偈，其区别一看便知：神秀悟空悟得不够。

"无我"的思想，"空"的思想，一旦渗入中国的诗歌创作，便产生了禅与诗密不可分的关系。禅与诗的关系是相互影响的，相互起作用的。正如元好问在《赠嵩山隽侍者学诗》中所说的："诗为禅客添花锦，禅是诗家切玉刀。"①

我在文章开始时说到，与其让别人在自己脑袋里跑马，不如自己来跑上一趟。现在终于跑完了。张中行先生自谦是"禅外谈禅"。我毫不自谦是"野狐谈禅"。

"野狐"是否能看到真正内行人所看不到的东西呢？这就要请方家指正了。

---

① 转引自赖永海《佛道诗禅》第159页，中国青年出版社1990年版。

禅　宗 ——适合中国士大夫口味的佛教

范文澜

> 宗教本来全是骗人的把戏，禅宗用空骗人，净土宗以修功德骗人，同是行骗，禅宗还能揭露净土宗的骗术，比其他宗派终究是有些贡献。

佛教各宗派，都偏奉一经以立法门，如天台宗奉《法华经》，华严宗奉《华严经》。佛经出发点无非是“苦空”两字，所说不能不是一偏之见。宗派的成立，表示执持偏见，顽固不化。各宗派的大师，都想解释所尊奉的经典，求其通达。原来佛经以文辞琐碎烦杂、义旨暗昧难明为其特征，中国僧徒继承两汉今文经学的章句之学，解释佛经，愈讲愈难通，愈难通愈讲，恶性循环，经疏愈积愈臃肿，学徒愈学愈迷惑。义净《南海寄归内法传》有一段话，说佛学流弊，他说：“讲说撰录之家，遂乃章钞繁杂……上流之伍，苍髭乃成，中下之徒，白首宁就。律本自然落漠，读疏遂至终身，师弟相承，用为成则。论章段则科而更科，述结罪则句而还句。……又凡是制作之家，意在令人易解，岂得故为密语，而更作解嘲。”义净所说隋唐佛学，很像两汉今文经学。两汉今文章句之学，流弊也是极其烦琐，“幼童而守一艺，白首而后能言”，结果是“通人恶烦，羞学章句”。尽管朝廷在上提倡，今文经学总不免趋于衰亡。魏晋玄学兴起，攻击儒经，两汉四百年作为利禄之途的大量章句，一字不留地消灭了。

任何一种学术，如果出现烦琐的解释，说明这种学术已无新的境界可辟，随之而来的只能是衰落或灭亡。隋唐佛徒作了大量烦琐的义疏，表示佛学达到极盛的境界，同时也表示接近衰亡。代烦琐学派而兴起的总是简易的学派，禅宗就是佛教里比较简易的学派。特别是禅宗南宗，尤为简易，离开文句，抛弃经典，也能一旦贯通，得大师称号。恪守佛教烦苛的戒律，死抱白首宁就的义疏的僧徒，苦于前途渺茫，忽见禅宗南宗，正如魏晋某些士人放弃章句改谈玄学一样，从烦琐的戒律和义疏中解脱出来，自觉境界一新，精神得到自由。所以禅宗南宗一出，佛教各宗派为之风靡，许多僧徒愿意接近南宗以求精神界的出路。

魏晋玄学谈无，佛教大乘谈空，无与空是可以合流的。玄学是唯心主义哲学，佛教是发展得更高度的唯心主义哲学，当然又可以合流。玄学家发挥庄周的消极厌世思想，与佛教苦空完全一致。魏晋玄学家以旷达放荡纯任自然为风尚，蔑视礼法，这和禅宗都是统治阶级里面的放荡派。玄学家是高级士族，社会地位稳固，敢于肆无忌惮。禅宗僧徒没有这样的地位，必须依靠佛教的名义才能实行放荡，所以，禅宗是披天竺式袈裟的魏晋玄学，释迦其表，老庄（主要是庄周的思想）其实。禅宗思想，是魏晋玄学的再现，至少是受玄学的甚深影响。玄学与禅宗在思想上都是反动的，但玄学冲击儒家的奴仆礼法之士，禅宗冲击天竺佛教奴仆各宗派的死守者，在这个意义上，它们又都起着一些积极的作用，值得赞扬。佛教认为人在前生都是有大小不等的罪过，这实际是性恶论，和儒家正统派说人皆可以为尧舜的性善论正相矛盾，禅宗南宗改为性善论，以为狗子也有佛性，人人可以成佛，在人性的基本问题上与儒家一致了。按照轮回说，佛教认为当前的禽兽虫蚁，前生可能是自己的父母，当前的父母，后生可能是自己的子孙，所以孝父母是无意义的事。与儒家以孝悌为人之本的伦理学说如水火之不能相容。自从佛徒制造出不少讲孝的佛经，强调孝是成佛的根本，而且实行三年之丧，在唐朝，儒佛对孝的分歧，至少形式上得到一致。禅宗南宗废弃天竺传来的戒律和经典，更增加了儒佛求得一致的可能。中国封建时代的士大夫，思想来源不外道儒两家的学说，既然道家（不是道教）、儒家与佛教（主要是禅宗南宗）思想上基本取得一致，那末，经过改造（宣传孝道）的佛教特别是禅宗南宗成为适合中国士大夫口味的佛教，也就不容置疑了。攻佛最坚决的韩愈，在潮州（广东潮安县）与大颠禅师往来，认为“颇聪明识道理”。所谓道理，当然是儒家的道理，佛徒谈儒道，自然是颇为聪明。这些，正好说明禅宗南宗是适合中国士大夫口味的佛教。唐朝佛教中国化，即佛教玄学化，这是化的第一步。禅宗僧徒所作语录，除去佛徒必须的门面话，思想与儒学几乎少有区别（特别是两宋禅僧如此），佛教儒学化，是化的第二步。禅宗兴而其他各宗派都基本上消灭。禅宗获胜的原因，主要是自立宗旨，不依傍他人，放弃天竺佛教传来的奴仆面目，装上中国士大夫常见的普通相貌。这样，外来宗教在中国封建社会里，得到统治阶级的容纳，作为统治的辅助工具之一，与儒、道并存。

禅，梵语禅那，意为坐禅或静虑。僧徒一般都得坐禅，天台宗所倡的止观，也就是禅的一种。自从鸠摩罗什译出《禅法要解》等书，禅学始成专业。罗什弟子竺道生，用玄学解释佛理，已萌有以后唐朝禅宗思想的要旨。佛教在南朝重义学（讲义理），在北朝重禅学（坐禅），因之，禅宗得在北方建立起基础来。

南天竺人菩提达摩，自称是天竺禅宗的第二十八祖，梁武帝时，从海道来到中国。达摩不合南朝重义学的学风，转到北方传播他的禅学。达摩的禅学是“直指人心，见性成佛，不立文字”。所谓见性成佛，意思是觉悟到自心本来清净，原无烦恼，且无漏智性，本自具足，此心即佛。达摩教人首先是安心，安心的方法是修壁观，要人心安静像墙壁那样坚定不移。其次是发行，即一、报冤行（逢苦不忧），二、随缘行（得乐不喜），三、无所求行（有求皆苦，无求即乐），四、称法行（法指空无之理，称法而行，即无心而行）。达摩说法虽说离言说相，离文字相，但仍以《楞伽经》为依据，所谓安心发行，都是逐步深入的修行法，所以达摩所传的法，实际就是渐修法。《楞伽师资记》说达摩所说有《达摩论》一卷，又有《释楞伽经要义》一卷，亦名《达摩论》。达摩和天竺其他僧徒一样，跑到中国来，企图成立他的楞伽宗。他故意做出一套神秘的姿态，自称他的禅学是教外别传，从释迦牟尼起，历代师弟以心传心，不立语言文字，到他已经二十八代了。他带了一件棉布袈裟来，说是历代传法的凭证。这些都是无从查考的妄说，不少奴仆却被他俘获了。其中有一个“博通群书，尤善老庄”，名叫慧可的僧徒，达摩认为堪充法嗣，要他表示为法舍身命的决心。慧可自己斩断一臂以表诚恳（一说被盗斩去一臂，这个盗可能是争夺法嗣的同学），达摩才把那件袈裟付给慧可。如果真有这件事，可见禅宗开始时，也带有天竺秘密传授的邪气。到了第三传僧璨（隋时人），作《信心铭》一篇，含有明显的玄学思想，它的总结是“至道无难，唯嫌拣择”，与庄子《齐物论》的说法相通。禅学与玄学进一步地结合起来了。第五传弘忍，住黄梅县（湖北黄梅县）双峰山，门徒多至千人以上。据说，他的本领是“缄口于是非之场，融心于色空之境”，这和庄周思想更接近了。弘忍门徒中，神秀早为上座并为教授师，一日，弘忍宣称要选择法嗣，令门人各书所见，写成一个偈，让弘忍挑选。门人都推崇神秀，不敢作偈。神秀夜间在壁上写了一个偈：“身是菩提树，心如明镜台，时时勤拂拭，莫使有尘埃。”弘忍见偈，唤神秀来，说你作此偈，只到门前，还未入门。你回去思考，再作一个来，如入得门，我付法衣给你。神秀回房苦思数日，作不得新偈。一个舂米行者（未剃发，在寺服役的人）慧能，不识文字，请人代写一个偈，说：“菩提本无树，明镜亦无台，佛性常清静，何处有尘埃？”又作一偈说：“心是菩提树，身为明镜台，明镜本清静，何处染尘埃？”从空无的观点看来，慧能的空无观比神秀较为彻底。因此，弘忍选定慧能为嗣法人，秘密给他讲《金刚般若经》，教他带着袈裟急速逃回新州（广东新兴县）原籍。一件袈裟从神秀手边突然失去，当然不肯忍让。从此，禅宗分南北两宗，慧能在岭南传顿教，被称为南宗，神秀在北方传渐教，被称为北宗。南北两宗都自称禅的正宗，因慧能传得袈裟，徒众又盛，门徒之一的神会，冒险到北方争夺正宗地位，最后南宗的正宗地位得到公认。实际上渐教是禅宗的正宗，达摩以下五代，都不曾提顿悟得法之说，神秀所写那个偈，弘忍本已承认它的嗣法资格，不料突然出现慧能两偈，比神秀说得深切，弘忍临时改选慧能为法嗣，授与传法袈裟，并给他秘密讲授《金刚般若经》。禅宗顿教，慧能是创始人。他的始祖实际是庄周，达摩不算是始祖。达摩依据的是《楞伽经》，弘忍弟子玄赜撰《楞伽人法志》，玄赜弟子净觉撰《楞伽师资记》，推南朝宋时中天竺人求那跋陀罗为第一代，达摩为第二代，弘忍门下神秀、玄赜、慧安三人为第七代，这七代人都奉《楞伽经》作立论的依据，以后排挤北宗出禅宗正统，纯是宗派斗争南宗获胜的结果。南宗所提倡的所谓顿悟，也无非是僧徒故作神奇，借以骗人的一种手法。其实慧能何曾有顿悟，他的父亲卢行瑫，唐初被贬官，流窜到新州为百姓，生慧能后三年死去，母寡居，慧能稍长，卖柴养母，自不待言。这种穷苦绝望的生活，使他产生厌弃世间另求出路的向往。他偶在市上听店铺里有人诵《金刚般若经》，慧能问哪里学来此经。诵经人答，弘忍禅师劝人读此经，说即得见性成佛。慧能认为找到出路，在当时普遍崇信佛教的环境里，只要留心，听些佛教教义，是不难的。唐高宗咸亨年间，他听女尼刘氏读《涅槃经》，已能讲解经义，后来又到乐昌县，依附智远禅师，谈论禅理，智远承认他理解非凡，劝到弘忍处求印证去。慧能第一次答弘忍问，表示“唯求作佛”，足见他为作佛探索了好多年。在弘忍处作舂米工役，王维《能禅师碑铭》说他听弘忍讲法，默然受教。因为他不识文字，一般人却总以为知识必须从文字书本中求得，感到慧能突然作偈，非顿悟不可。其实慧能早就对刘氏尼说过“诸佛理论，若取文字，非佛意也”。穷苦生活迫得他求作佛，经过多年听受和思考，已揣摩一切皆空的所谓佛意。如果他作偈叫做顿悟的话，那也只能说由渐悟积而成顿，并非无端忽然能作偈。其时佛教徒专爱造谣骗人，哄然相传，似乎真有所谓见性成佛的顿门。而慧能一派徒众也俨然以顿门自负，这就使得人人可以自称为佛，天竺各宗派所虚构的高不可攀的佛，变成举目可见的平常人，这对分裂佛教起着重大的作用。南宗的信仰者，敢于说佛不在外，在我心中，我即是佛。《金刚般若经》说：“凡所有相，皆是虚妄，离一切相，即名诸佛。”南宗人想成佛，尽力扫相，佛即是诸相之一，扫相必然要扫佛，如果说南宗在历史上有所贡献，就在扫佛这一点上。

慧能的弟子们记录师说，成《坛经》一卷。《坛经》是南宗传法的经典，它教人“一时端坐，但无动无静，无生无灭，无去无来，无是无非，无住无往，坦然寂静，即是大道”。人练成这样有呼吸的死尸，就算得了大道。但是人接触事物，不可免地要表示赞成或反对，禅宗却以无是无非为大道，以一切善恶都无思量，心体堪寂，应用自在为心要。《坛经》记慧能临死传授秘诀给十大弟子说：“吾灭度后，汝各为一方头，吾教汝说法不失本宗。若有人问法，出语尽双，皆取对法，来去相因，究竟二法尽除，更无去处。”所谓对法共有三十六对，其中外境用无情对有五，即天与地对，日与月对，暗与明对，水与火对，阴与阳对。语言法相对有十二，如有为无为对，有色无色对，有相无相对，有漏无漏对，色与空对，动与静对，老与少对，大与小对，长与短对，高与下对等。自性起用对有十九，如邪与正对，痴与慧对，愚与智对，乱与定对，直与曲对，实与虚对，险与平对，烦恼与菩提对，进与退对，生与灭对，体与用对等。照慧能说，此二十六对法，体用通一切经，出入即离两边，这是慧能的心得所在，意思是教弟子说话要顾及两方面，不偏在一边。他举明暗为例，说，暗不自暗，以明故暗，暗不自暗，以明变暗，以暗现明，来去相因。说到暗的时候，也要说到明，有明故有暗，离明即离暗。说的方法是无暗亦无明。三十六对都用一样的公式，无这边也无那边，一切皆空，不落边际。所谓二法尽除，更无去处，就是说得含糊，听得含糊，使人在含糊里似乎觉得有什么道理，因而落入其唯心主义的圈套。净土宗斥禅宗说："口虽说空，行在有中。以法训人，即言万事皆空，及至自身，一切皆有。"宗教本来全是骗人的把戏，禅宗用空骗人，净土宗以修功德骗人，同是行骗，禅宗还能揭露净土宗的骗术，比其他宗派终究是有些贡献。

禅宗以为："迷即佛众生，悟即众生佛。心险佛众生，平等众生佛。我心自有佛，自佛是真佛，自（己）若无佛心，向何处求佛。"这是慧能所说的"见真佛解脱颂"。所谓见真佛，就是众生心有觉悟即成佛，心有迷惑佛即成众生，因为众生皆有佛性，都可以成佛，成不成的关键在悟或迷。禅宗认佛在心内，不在心外，心外的佛全是假佛。依据这样的说法，凡是造寺、布施、供养、念佛，都不算功德，都无成佛可能。西方并无净土，三毒（既贪、瞋、痴）即是地狱，虚妄即是鬼神。慧能甚至否认修行必须出家，也不要戒定慧，他说："若欲修行，在家亦得，不必在寺。"这些说法，都对佛教大不利，特别是对净土宗不利。净土宗僧徒非常狼狈，慧日撰《念佛法门往生净土集》，攻击禅宗说："于佛法生异见者，或有出家在家男女四众，惧生死苦，厌恶俗尘，展转相传，教人看净，昼是恣情睡眠，夜乃暂时系念。见世空寂，都无一物。将为究竟言，一切诸法，犹如龟毛，亦如兔角，本无有体，谁当生灭。无善可修，无恶可断，心所取相以及经佛，尽当远离，但令内心安住空中，知世虚妄，方法都无，虽是凡夫，能如是解，此即是佛，何劳勤苦，远觅世尊。亦不借念佛诵经为出离因。除此之外，诸余行门，悉皆虚妄。写经造像建立塔庙，恭敬礼拜，孝养父母，奉事师长等，是生死因，非解脱因。何以故？见善可修，见恶可断，涅槃可欣，生死可厌，誓断生死，誓证菩提，悉皆动念，心有所得，着相修习，虚妄分别，是有为法，是生死法，虽复勤修，不免流浪。”佛徒都过着寄生的生活，不过形式上有一套琐碎的戒律和礼拜诵经等所谓勤苦修行来掩饰，禅宗把这些形式全放弃了，这和魏晋玄学家的放荡形骸实质上并无区别。禅宗在行动上和言论上都起了破坏佛教的作用，慧日说禅宗是外道，言论甚于猛火，焚烧佛法。这种能烧佛法的猛火，在佛教流传很广泛的唐朝时期，是有利益的猛火。

南宗宗旨，不外“净心、自悟”四字。净心即心绝妄念，不染尘劳，自悟即一切皆空，无有烦恼，能净能悟，顿时成佛。修行方法可谓极简便。又说，只有大智人，最上乘利根人能接受顿法。这些说法，使得怀才自负、狂妄骄纵的士人，仕途失意的官僚，都愿意借谈禅来医治自己的心病。南宗自慧能以后，迅速发达，徒党众多，压倒一切宗派，就是因为适合这些人的需要。

对待佛法或谈它的空虚，天竺大乘谈空各宗，都只谈到适可而止，不敢公然说佛无法无，因为佛法皆无，所谓三宝之一的僧只好同归于无，饥寒而死。龙树真（谛）空、俗（谛）有的调和论，正是大乘谈空的代表。在中国，以玄学（庄周思想）为本质的禅宗南宗，谈空的程度远远超越天竺各宗派，彻底破坏了三宝中的佛、法二宝，同时，用我即是佛的说法保护了僧宝的存在。在这一点上，南宗比龙树更巧妙了。南宗创始人慧能不识文字，他不受佛教经论的拘束，采取佛教各经论中合用的句子，摆脱烦琐的旧解释，凭己意作出新解，大大丰富了南宗的话头。例如，《坛经》解释四乘说：“见闻读诵是小乘，悟法解义是中乘，依法修行是大乘，万法尽通，万法俱备，一切无杂，且离法相，作无所得，是最上乘。”自然，所谓最上乘是指南宗的禅法。最上乘离一切法相，即心是佛，心外无佛，也就是说我即是佛，一切法相（包括佛在内）都该抛弃。他的继承人更加发扬这种思想。如宣鉴（慧能六世法孙，唐末 865 年死）教门徒不要求佛和祖（达摩等）说：“我这里佛也无，祖也无，达摩是老臊胡，十地菩萨是担屎汉，等妙二觉（等觉妙觉为二觉，即佛）是破戒凡夫，菩提涅槃是系驴橛，十二分教（十二部大经）是鬼神簿，拭疮疣纸，初心十地（菩萨）是守古冢鬼，自救得也无。佛是老胡屎橛。”又说：“仁者莫求佛，佛是大杀人贼，赚多少人入淫魔坑。莫求文殊、普贤，是田厍奴。可惜一个堂堂丈夫儿，吃他毒药了。”照佛经说，谤佛谤法都要入地狱受大苦，宣鉴看穿地狱佛祖佛经菩萨等等，只是一套骗局，全部佛教都被骂倒，与魏晋间嵇康、阮籍骂倒儒学六经同有摧陷廓清的功绩。宣鉴骂拜师学佛人也很透彻，他说：“到处向老秃奴口里，爱（挨）他涕唾吃，便道我是入三昧，修蕴积行，长养圣胎，要成佛果。如斯等等，我看似毒箭入心。”又说：“他（大师）是丈夫，我何尝不是，我比谁也不差，为什么整天就他诸方老秃奴口嘴，接涕唾吃了，无惭无愧，苦哉苦哉。”南宗的长处，是把自己看作与佛平等的人，从奴仆地位站立起来。他说：“老胡（释迦）经三大阿僧祇劫，即今何在，活了八十年便死去，与你有什么分别，你们不要发疯受骗。”另一个禅师名叫义玄（慧能六世法孙，866 年死）也是攻佛的一个勇将。义玄创临济宗，标出彻底反佛的宗旨。他说：“求佛求法，看经看教，皆是造业。你若求佛，即被佛魔摄你，你若求祖，即被祖魔缚你，你若有求皆苦，不如无事。”又说：“欲得如法见解，但莫受人惑，向里向外，逢着便杀，逢佛杀佛，逢祖杀祖，逢罗汉杀罗汉，逢父母杀父母，逢亲眷杀亲眷，始得解脱，不与物拘，透脱自在……夫大善知识始敢毁佛毁祖，是非天下，排斥三藏教。”天然禅师（慧能四世法孙，824 年死）冬天取木佛像焚烧取暖，说木头该烧。五代时禅僧义存说：“三世诸佛是草里汉，十经五论是系驴橛，八十卷《华严经》是草蔀头，博饭食言语，十二分教是虾（蛤）

蟆口里事。”这些说法，都说明南宗确实看穿了天竺传来的一套骗局，要创造中国式的佛教，即排斥天竺统治阶级理想化的生活，改变为中国统治阶级喜爱的生活，这些生活的集中表现就是佛。天竺的佛被赋予天上天下唯我独尊的至高权力，反映天竺统治阶级的无限贪欲。南宗创造的佛，性质不异于庄周书中所称的真人至人那种人物，反映一部分统治阶级（士大夫）在唐后期衰乱之世避灾祸享厚福的自私思想。希运（慧能五世法孙，857 年死）提倡无心的禅法，说“但能无心，便是究竟”。他解释无心说：“无心者无一切心也。如如（真理）之体，内如木石，不动不摇，外如虚空，不塞不碍，无能所，无方所，无相貌，无得失。”怀海（慧能四世法孙，814 年死）讲《大乘入道顿悟法要》说：“放舍身心，全令自在，心如木石，口无所辩，心无所行，心地若空，慧日自现。”南宗教人要无心，但仍强调要有自己的眼睛。怀海说：“须具自眼，莫依他人作眼，须具两只眼，照破两头事，莫只带一只眼，向一边行。要向无佛处，坐大道场自己作佛。”这里说的无心，只是口无所辩、避免是非的一种表现，内心却是并非无心，所谓具两只眼照破两头事，说出观察事物不受片面牵掣的方法。所谓兀兀如愚，如聋如哑，心如木石相似，目的是要人“内无一物，外无所求”（佛也不求，求佛菩提皆属贪欲），做个自由自在的人，也就是这样才算作佛。从谂（慧能五世法孙，897 年死）答人问，如何是七佛师？答云：“要眠即眠，要起即起。”宣鉴也说：“诸子，莫向别处求觉（求佛），乃至达摩小碧眼胡僧，到此来，也只是教你莫造作，着衣吃饭，屙屎送尿，更无生死可怖，亦无涅槃可得，无菩提可证，只是寻常一个无事人。”义玄主张逢佛杀佛，逢祖杀祖，无非是想杀出一个自由自在的我来。自由自在的我只是一个屙屎送尿，着衣吃饭，困来即卧的无事人。怀海作诗说：“放出沩山水牯牛，无人坚执鼻绳头。绿杨芳草春风岸，高卧横眠得自由。”又作诗云：“幸为福田衣（袈裟）下僧，乾坤赢得一闲人。有缘即住无缘去，一任清风送白云。”这种自由自在纯任自然的舒适生活，与装模作样修苦行欺人的天竺佛教徒面目大异，南宗比起天竺僧徒的虚伪作法，似乎较为率真一些。为了自由自在，有些禅师如慧寂（慧能六世法孙，891 年死）不持戒，不坐禅；又如惟俨（慧能四世法孙，834 年死）受戒后，声称“大丈夫当离法自净，岂能屑屑事细行于衣巾中耶”。有些禅师否认整个佛学，如惟俨答李翱问如何是戒、定、慧，说：“贫道这里无此闲家具。”佛学不外戒、定、慧三部分，惟俨看作都是无用之物，因此，他不许门人看经。门人问他自已为什么看经。他说：“我只图遮眼，若是你们，牛皮也须看透。”李翱为朗州刺史，向惟俨请教益。惟俨用手指上下，问：懂得么？李翱说不懂。惟俨说：“云在青天水在瓶。”李翱欣然礼谢，作诗云：“炼得身形似鹤形，千株松下两函经。我来问道无余说，云在青天水在瓶。”云动水静，一任自然，不必看经行戒，这就是南宗的道。佛教徒死后，按天竺法火葬，并取碎骨称为舍利，南宗禅师自慧能起，多用全身葬法，漆纻涂尸体，安放龛中，此后禅师很多不按天竺法火葬。希运问门人们说，你见虚空曾有骨否？诸佛心同太虚，觅什么骨！从谂临死嘱门人们不可净淘舍利，说身是幻，何来舍利！佛徒说得神奇莫测的宝物，被南宗揭穿，一钱不值了。

南宗破坏天竺僧徒所传的佛教相当彻底，从千百万字的经论到一字轮王咒，从净土到地狱，从佛到饿鬼，从生前修行到死后舍利，全部都被“一切诸法皆由心造，但学无心，诸缘顿息”这几句话一吹而散。南宗发挥了高度的主观能动性，与天竺式的佛教勇敢地进行斗争，一切外在的佛和佛法，全被推倒，贡献是巨大的，但他斗争的目的，只是要用内在的佛（我），代替外在的佛。我即是佛的说法被人认可了，立刻成为受人供养礼拜的尊官。这些我即是佛的佛（得法者或法嗣），都是徒弄口舌的清谈家或攀附名公卿的帮闲清客，挥麈尾，谈公案，魏晋玄风居然又见于唐后期。

为什么魏晋亡国遗风以南宗谈禅的形式重复出现？这是因为唐后

期，政权已被宦官执掌，士大夫间朋党争斗异常激烈，一般士人看不出自己的前途，南宗给他们指点出似乎很美妙的一个出路，即成佛或成自由自在的享福人。这和产生魏晋清谈家的社会原因是类似的。有一个名叫李节的小官僚在《送潭州道林疏言禅师太原取经诗》序里说：以儒为业的人，总喜欢排斥佛教，这种见解很粗浅。佛教本是衰乱之世的产物，人生在衰乱之世，找不到任何可乐的事情，如果没有佛教，精神将何所寄托！议者只知道佛教因衰乱之世而生，不知衰乱之世需要佛教的解救，尤其不想佛教救世助化的大作用，却憎恨它雕镂营造的小花费，这是知其然而不知其所以然的见解。李节赞美佛教有救世助化的大作用。南宗的禅法是中国自制的，在口味上比天竺来的各宗派更适合中国士大夫的要求，因此大大发达起来。

禅宗与中国文化

任继愈

> 禅宗，不是外来的宗教。它是中唐以后，小农经济社会的产物。它提出的心性论，是中国哲学史上重要环节，是嫡系正宗而不是旁支别派。

中国古代文化发展有两个高潮时期。第一个高潮在春秋战国时期，持续时间约三百年，第二个高潮在隋唐时期，持续时间约二百年。

春秋战国时期所以出现文化高潮，开展了丰富多彩的百家争鸣的局面，主要原因是奴隶制解体，出现了新的生产关系。还有一个必要条件，即当时诸侯国之间交往频繁。这些交往包括政治的、经济的、文化的、军事的（通过战争）。频繁的交往，促进了文化的发展。古代交通闭塞，受自然地理条件限制较大。当时文化形成四个大的文化区域：邹鲁文化、燕齐文化、三晋文化、荆楚文化。邹鲁文化保持着周公以来的文化传统，维护宗法制度，严格等级秩序，尊重传统贵族的特权，以孔、孟儒家为代表。燕齐文化以山东半岛及渤海沿岸为基地，流行神仙方士、阴阳五行学说，以管仲学派、稷下学派为代表，后来发展为阴阳家。三晋处四战之地，社会环境迫使其注重耕战，提倡法治，打击旧贵族的特权，尚军功，重爵禄。多年的民族战争与国家之间的战争攻伐，锻炼出一批人才，如商鞅、申不害、吴起、韩非等法家是三晋文化思想的代表。荆楚文化在江淮一带有深远的传统。歌颂自然而轻视世俗政治与法制，老庄、屈原思想是荆楚文化的代表。秦汉统一全国，四个地区的文化互相影响，发生了更多的交流，产生了汉代文化。

第二个文化高潮出现在隋唐时期（公元 7 ~ 8 世纪）。隋唐政权结束了近四百年长期南北分裂的局面，建立了强大有效的中央政府，经济繁荣，政治稳定，对内执行各民族平等的政策，对外开放，保持陆地及海上的国际通道的畅通，从而给中外文化交流创造了必要条件。以中华文化为主体，吸收改造了外来文化，丰富了中国传统文化的内容，使中国文化精华部分（哲学）提高到一个新的认识层次。禅宗的形成与发展，体现了中国文化发展的第二次高潮（哲学作为文化的精华部分，禅宗哲学对后来的理学起了决定性的影响）。

一

佛教传入中国以后，随着中国社会历史的发展变化，也改变着它的说教形式和学说内容，以求适应中国的环境。这种变化，主要表现在两方面，即政治上的适应和理论上的适应。

第一，政治上，佛教主动协助维护中国传统的封建宗法制度，巩固纲常名教体系。如沙门礼敬王者，沙门拜父母，僧人遵守世俗法律的管制等等。这些事实，都说明中国佛教已不同于印度佛教。（唐朝义净在印度留学二十多年，深感中国佛教改变了印度佛教，对此很不满意，表示遗憾和惋惜。）中国历代反对佛教的人士指责佛教违背了忠孝原则。佛教徒为自己辩护，一再申明，佛教的主张不但没有背离“三纲”的原则，相反，出家修道，倒是大忠大孝，可补世俗教化所不及。

第二，在思想理论上，佛教哲学理论力图与中国当时社会思潮相适应，按照中国哲学发展的道路前进。佛教义学（宗教理论）成为中国哲学的一部分。中国哲学的许多显著的历史特征，在佛教理论中也有所反映。

佛教传入中国在两汉之际，但取得较大发展则是在三国魏晋时期。魏晋时期中国哲学界讨论的中心议题为本末、有无等思辨性很强的玄学。这一时期佛教理论界所讨论的是般若空的概念，出现了“六家七宗”。“六家七宗”是用佛教本语来阐发玄学关心的本末、有无问题。

六家七宗的思想体系是玄学化了的佛教哲学。当时哲学理论界与佛教理论界所讨论的，都属于哲学本体论范围。

哲学思辨不断发展，中国哲学界逐步由本体论进入心性论。佛教理论的重心已由般若学的本体论转入涅槃不的心性论，开展佛性问题的探讨。佛性论的实质即心性论，佛性问题即心性问题。南北朝时期的佛教理论界，把更多的注意力集中到佛性论。

南北朝到隋唐，继魏晋玄学之后，中国哲学发展史又上了一个台阶，由本体论进入心性论，佛性论由中国哲学史中一个支流上升为主流，在隋唐时期它已发展为完整的心性论，从而把中国哲学的发展向前推进了一大步。

二

禅宗，不同于佛教的禅法。禅法是佛教的基本训练的一门学问，从小乘“安般守意”到大乘禅法，有它的体系。本文所讲的“禅宗”，特指隋唐时期佛教的一个宗派。禅宗在中国佛教史上独树一帜，具有明显的中国特色。

禅宗的兴盛，是佛教其他宗派衰落后的产物。隋唐盛世，佛教经学（佛教经学与儒教经学、道教经学，三教鼎立）曾协和王化，是维护中央政权，传播封建纲常名教的思想工具之一。唐中期以后，中央政府失去控制全国的绝对权力，地方势力日趋独立，分散割据的形势越来越发展，直到唐王朝灭亡。佛教寺院经济遭到破坏，国家财政支绌，收入减少，推行两税法以后，寺院也要纳租税，出家人不再享有免役逃税的特权。僧众人口大大减少。（北朝时，北魏僧尼二百万，北齐三百万，北周也达二百万。唐武宗灭佛，僧尼还俗为二十六万。唐代户口比北魏多，而僧人少，原因之一是推行寺院纳税政策的结果。参见《魏书·释老志》及《佛祖统纪》卷三十八。）唐中期以后，寺院经济衰落，其他宗派，讲章句之学的都衰落了，只有禅宗得到发展。据记载，禅宗为了自身的发展，制定了自给自足的僧规，不再依靠寺院庄园剥削收入，争取到生存的主动权。禅宗名僧怀海（749—814）制定《百丈清规》，改制详情已不能完全考见，从北宋杨亿为重修《百丈清规》（《古清规》）作的《序》中还可以略窥禅宗改革寺院制度的一些措施。禅宗僧徒靠劳作过日，“一日不作，一日不食”。它把中国古代小农经济的生产方式和生活方式，紧密地结合到僧众的生产方式和生活方式上来。这一变革与中国的封建社会的结构得到进一步的协调，从而获得生命力。

中国封建宗法社会，是以一家一户为生产单位，它又是一个消费单位。这种自然经济保持最低限度的生活水平，产品只是为了自足，而不是为了交换。与此相适应，自然产生家长制统治。禅宗在唐中期以后，把世俗社会的生产方式和生活方式搬到佛教内部，除了不娶妻生子以外，几乎完全过着小农经济一家一户的生活，寺主是家长，僧众是“子弟”，僧众之间也维持着封建宗法制的叔伯、祖孙的社会关系。因为禅宗的世俗化，比其他宗派更彻底，同时又维持着自食其力的规则，所以可以不受经济来源断绝的威胁，一代一代传下去。禅宗思想中国化，首先在于它从生活方式和生产方式上中国化。它与在寺院中运用小农经济是相适应的。禅宗在经济体制上与中国封建社会融洽一致，不劳而食的习惯有所改变，减少了被攻击的口实。其他宗派的寺院经济来源是靠别人的劳动，与世俗地主和政府有利益矛盾，其发展和生存受到较多的限制，在生存竞争中，显然禅宗占优势。

三

思想是现实生活的反映。有什么样的生活，就有什么样的思想。这是研究社会历史的根本原则。

有了自给自足的经济地位，过着自给自足的生活，才会产生自给自足的哲学思想体系。禅宗的流派很多，照唐人的记述有大小十几家，细分起来应当不止这么多（主要参见宗密的《禅源诸诠集都序》及南北宗的禅宗记载）。不论他们的教义有多少分歧（有的主张无念，有的任自然，有的主自悟，有的主顿悟，有的主渐悟，等等），但禅宗的共同的信念是“自我解脱”。这种自我解脱，虽有时借外缘的启发，所谓禅机、机锋，但关键的一步全靠自修自悟。自修自悟，如人饮水，冷暖自知，听别人说千万遍不如自己亲身感受的亲切、深刻。这种亲切、深刻的感受成为禅宗追求的精神境界。我国禅宗所宣传的自觉、自足、自悟的精神境界完全是他们自给自足的自然经济的反映。日常生活不靠外力，靠自己，求得精神解脱，摆脱精神枷锁。所谓治病、解缚，要靠自己。禅宗认为经典上的话可供参考，但不能依赖。

小农经济的思想意识，表现在中国佛教思想中的不止禅宗一家。如净土宗也反映了小农经济下的佛教思想，它反映的是小农经济脆弱，要仰仗皇帝的恩赐，借上边的“阳光雨露”的荫庇。因此，他们更多地强调对佛祖信仰的虔诚，不甚强调个人的自觉、自己的解脱。

禅宗的思想体系与净土宗这两大系统，几乎统治了中国佛教界，特别是唐宋以后，这两者又有合流的趋势。但在对中国文化的影响来看，禅宗影响在思想方面为多，而净土宗影响，则在信仰方面为多。从民族文化的特点来看，禅宗更能体现中国佛教的独特面貌和精神，它把哲学发展史上的心性论更向前推进一步。

四

中国哲学的发展，继本体论之后，推进到心性论，开创了中国哲学发展史的新阶段。心性论的提出，是从南北朝开始的。南北朝中后期，心性论酝酿趋于成熟，南北双方对佛性问题都作了大量的研究。这一研究引起朝野上下的关注。它讲的是成佛问题，但问题实质是，生活中人们如何避苦求乐的实际问题。南方摄论学派、北方的地论学派都对大乘有宗的“阿赖耶识”的性质做了深入的研究。“阿赖耶识”是染是净，是染中有净还是净中有染，当时有不同的理解。佛性是否人人皆有，人性是善是恶？如果是善，恶从何来？如果是恶，善何由起？人性善恶问题虽然先秦时已经提出过，但没有深入到心理活动、社会环境的影响（“熏习”）诸领域给以彻底讨论。

由此派生的人性、人心的受容能力和反映能力有无限度，人的认识有无局限性，有局限性又如何打破（或超脱）；人心与人性有什么关系，人心与客观真理有什么关系；人的感情、意志，对人的认识活动有什么关系；如果它们能影响对真理的认识，又如何消除它。

哲学是认识世界改造世界的学问（哲学就是认识论的说法，未必为人普遍接受，但认识论历来是哲学的主要组成部分，则为多数哲学家所接受）。所谓世界，既包括客观世界，也包括主观世界；包括山河大地，也包括人类自身。古代哲学家一开始就注意观察客观世界的构成，推测构成世界的材料成分。中外哲学家都是从关心天地万物构成开始其哲学探索的。这是宇宙论阶段。在这个基础上再前进，不满足探求世界的构成，还要进一步探求其所以构成的理论根据，即玄学家所说的“所以迹”。这是中国哲学史发展的本体论阶段。

人类认识不断深入，转而观察、研究人类自身、主观世界。考察人的认识能力、认识的可能性和局限性，这就由本体论进入人性论的阶段。对于人性论的研究，佛教有它独到的地方。印度佛教有很多关于心理活动、心理摹述的记载，但论证的是如何纯洁心灵，杜绝杂念，完全是为宗教修养的目的。这一套学说传到了中国。中国哲学有着深厚的文化传统，利用佛教的思想资料完成了自己的进程，从而从本体论进入心性论。这是佛教传播者们所未料到的结果。

南北朝时期佛教心性论还带有外来文化的某些生硬痕迹，如“阿赖耶识”即属于引进的概念，与中国哲学传统观念不甚衔接，虽然在理论发展的道路上是衔接的。禅宗在这一条道路上使它中国化，明确提出“明心见性”的新范畴，正式建立了心性之学，已经发表的各种版本的《坛经》以及《南宗定是非论》、《坛语》等禅宗文献以及其他已有的大量禅宗资料，有不少关于“心性”、“本心”、“识心见性”以及“顿悟”和自修自悟的生动论述。心性论的建立，是隋唐佛教在理论上的贡献，而贡献最大的应推禅宗。

心性之学建立之后，得到中国哲学界的普遍认可，禅宗成了中国哲学发展史上的一个关键性的环节。宋明理学可以说是接着禅宗的心性之学继续开拓的新领域，形成儒教。儒教还吸收道教和佛教其他宗派的佛教思想，但主要脉络来自禅宗。

禅宗，不是外来的宗教。禅宗的出现不是从中国思想的主流之外横插进来的一股思潮。它是中唐以后，小农经济社会的产物。它提出的心性论，是中国哲学史上重要环节，是嫡系正宗而不是旁支别派。禅宗对佛教其他宗派自称“教外别传”，它在中国哲学史的地位比它在正统佛教中的地位重要得多，是中国文化的一个重要组成方面，对其他文化领域产生过广泛影响，非本文范围，姑不论。

论禅宗思想中的内在性与超越性

汤一介

> 春天看百花开放，秋天赏月色美景，夏天享凉风暂至，冬天观大雪纷飞，一切听其自然，自在无碍，便“日日是好日”、“夜夜是良宵”。

佛教传入中国至隋唐分为若干宗派：天台、唯识、律、净土、华严、禅等等。至唐以后，其他宗派均先后衰落，而禅宗的影响越来越大，终至独秀，究其原因或有许多方面，但就禅宗更能体现中国哲学以“内在超越”为特征这点说，似应为研究者所注意。

佛教作为一种宗教自有其宣扬教义的经典、一套固定的仪式、必须遵守的戒律和礼拜的对象等等，但自慧能以后的中国禅宗把上述一切都抛弃了，既不要念经，也不要持戒，没有什么仪式需要遵守，更不要去礼拜什么偶像，甚至连出家也成为没有必要的了，成佛达到涅槃境界只能靠自己一心的觉悟，即所谓“一念觉，即佛；一念迷，即众生”。这就是说，人成佛达到超越的境界完全在其内在本心的作用。

一、中国禅宗不重经典、不立文字，一切自任本心

中国禅宗有一个“释迦拈花，迦叶微笑”的故事，据《指月录》载：

> 世尊在灵山会上，拈花示众。是时众皆默然，唯迦叶尊

者，破颜微笑。世尊曰：吾有正法眼藏，涅槃妙心，实相无相，微妙法门，不立文字，教外别传，付嘱摩呵迦叶。

禅宗自称其宗门为“教外别传”，即依此类故事以说明他们和佛教其他宗派的不同。印度佛教开始在释迦牟尼时也是比较简单，本是一种人生哲学，对一些与人生实际无关的理论往往避而不论，如当时印度讨论的“宇宙是常还是无常”、“宇宙有边还是无边”、“生命死后是有还是无”、“生命与身体是一还是异”等等，均少论及。但印度佛教在发展过程中越来越繁琐，越来越远离实际人生，体系越来越庞大，礼拜的对象越来越多，名词概念多如牛毛，这与中国传统思想全然不相合。到隋唐以后，中国的一些佛教宗派都已在想方设法克服印度佛教的这种繁琐，例如天台宗纳三千于一念，华严宗融理事于真心，都强调人的本心的作用，这一趋势到禅宗慧能以后更是变本加厉了，而有不立文字、废除经典之说。

慧能本人还没有简单地否定经典和倡导不立文字，据《坛经》记载，慧能尝为门人说《金刚经》、《法华经》，但他认为“一切经书，因人有说”，只是引导人们的工具，不能执著经典，以为靠诵读经典就可以成佛，解脱只能靠自己的本心。这是因为：一方面，成佛得解脱的道理和路径本来就在你自己的本心之中，“三世诸佛，十二部经，亦在人性中本自具有”（《坛经》），不必外求，不必到心外觅佛，成佛的觉悟全在自己，外在的文字是没有用处的。另一方面，文字是一种外在的东西，如果执著了外在的东西就是“着相”，“本性自有般若之智，自用智慧观照，不假文字”（《坛经》）。慧能以后的禅宗大师破除经典的束缚，干脆反对念经，反对一切语言文字。沩山灵佑问仰山慧寂：“《涅槃经》四十卷，多少是佛说？多少是魔说？”仰山回答说：“总是魔说。”（《五灯会元》卷九《沩山灵佑禅师》）如果把佛经持着为佛法本身，本身就是着了魔，为魔所蒙蔽；所以《古尊宿语录》中说：“只如今作佛见，作佛解，但有所见所求所著，尽是戏论之类，亦名粗言，亦名死语。”（卷二）《景德传灯录》中记义玄“因半夏上黄蘗山，见和尚看经。曰：我将谓是个人，元来是唵黑豆老和尚。”（卷十二）一切经典全是废话，执著这些废话，人如何得以解脱，如何得以成佛？既然佛教经典为“死语”、“魔说”，非悟道的工具，那么自然不能靠它来达到成佛的目的。《古尊宿语录》（卷十三）中说：“（南）泉（普愿）云：道不属知不知，知是妄觉，不知是无记，若真达不疑之道，犹如太虚，廓然荡豁，岂可强是非也。”道不属知识，知识有主体和对象即有分别心，悟道在心之自觉；悟道既在自觉，自不能是不自觉的，如为不自觉，既是“无明”，故“不知是无记”。

禅宗的大师们不仅认为文字不必要，就是语言对得道成佛也是无益的。语言并不能使人了解佛法，有问文益禅师：“如何是第一义?”文益回答说：“我向汝道，是第二义。”（《文益禅师语录》）佛法是不可说的，说出的已非佛法本身。那么用什么方法引导人们觉悟呢？照禅宗看，几乎没有什么方法使人悟道，只能靠自己的觉悟。不过禅宗也常用一些特殊的方法，如棒喝之类。《五灯会元》卷七《德山宣鉴禅师》中载：

> 僧问：如何是菩提？师打曰：出去，莫向这里屙。问：如何是佛？师曰：佛是西天老比丘。雪峰问：从上宗乘，学人还有分别也无？师打一棒曰：道什么？曰：不会。至明日请益，师曰：我宗无语句，实无一法与人。峰因此有省。

《景德传灯录》卷十二载：

> （临济义玄）见径山，径山方举头，师便喝；径山拟开口，师拂袖便行。

这就是所谓“德山棒，临济喝”。这种方法是破除执著的特殊方法，目的是要打断人们的执著，一任自心。照禅宗看，人们常因有着执著而迷失本性，必须对之大喝一声，当头一棒，使之幡然觉悟，自证佛道，故佛果禅说：“德山棒，临济喝，并是透顶透顶，直捷剪断葛藤，大杖大用，千差万别，会归一源，可以与人解粘去缚。”（《佛果禅师语录》）义玄的老师在其《传法心要》中说：

此灵觉性……不可以智识解，不可以语言取，不可以景物会，不可以功用到，诸佛菩萨与一切蠢动众生同大涅槃，性即是心，心即是佛，佛即是法。

人所具有的这一灵觉性，既然不是能用知识、语言等使之得到发挥，因此只能用一棒一喝（当然不一定必须用棒喝，其他任何方法都可以，只要能打断执著即可）打破执著，使心默然无对，而达到心境两忘的超越境界。

二、中国禅宗破去陈规，废去坐禅，唯论见性成佛

坐禅本是原来佛教一切派别所必须的一种修持法门，释迦牟尼在菩提树下证道，坐四十九天；达摩东来，仍有三年面壁，都是坐禅。但到慧能以后，中国禅宗起了很大变化，《坛经》记载慧能说：“唯论见性，不论禅定解脱。”盖慧能主张“见性成佛”，认为靠禅定并不能得到解脱，所以他说：

迷人著法相，执一行三昧，直言坐不动，除妄心不起，即是一行三昧。若如是，此法同无情，却是障道因缘，道须通流，何以却滞？心不住法即通流，住即被缚，若坐不动是，维摩诘不合呵舍利弗宴坐林中。（《坛经》）

执著坐禅，以为可以妄心不起，这实是把人看成如同死物，而不知“道须通流”，心不能住而不动，住而不动就是心被束缚住了，那怎么能得到解脱呢？《古尊宿语录》卷一记马祖道一“居南岳传法院，独处一庵，惟习坐禅，凡有来访者都不顾，……（怀让）一日将砖于庵前磨，马祖亦不顾，时既久，乃问曰：作什么？师云：磨作镜。马祖云：磨砖岂能成镜？师云：磨砖不能成镜，坐禅岂能成佛？”马祖坐禅，被坐禅所束缚，怀让用“磨砖作镜”这种比喻的方法启发他使之觉悟，这叫作依他人为之“解缚”。又有长庆慧稜禅师，二十余年来坐破了七个蒲团，仍然未能见性，直到有一天，偶然卷帘时，才忽然大悟，便作颂说：“也大差，也大差，卷起帘来见天下，有人问我解何宗，拈起拂子劈头打。”慧稜偶然卷帘见得三千大千世界原来如此，而得“识心见性”，解去坐禅的束缚，靠自己豁然贯通，而觉悟了。《坛经》中说：“不能自悟，须得善知识示道见性；若自悟者，不假外善知识。”道一是靠怀让的启发，而慧稜是靠自悟，但无论前者还是后者都必须是“识自心内善知识”，也就是说必须靠自己的内在本心才可以达到超越境界。慧稜颂中“卷起帘来见天下”是他悟道的关键，因照禅宗看，悟道成佛不要去故意作着，要在平常生活中自然见道，就像“云在青天水在瓶”那样，自自然然，平平常常。无门和尚有颂说：

春有百花秋有月，夏有凉风冬有雪，
若无闲事挂心头，便是人间好时节。

禅宗的这种精神境界正是一种顺乎自然的境界：春天看百花开放，秋天赏月色美景，夏天享凉风暂至，冬天观大雪纷飞，一切听其自然，自在无碍，便“日日是好日”、“夜夜是良宵”。如果执著坐禅，那就是为自己所运用的方法所障，而不得解脱。临济义玄说："禅法无用功处，只是平常无事，屙屎送尿，著衣吃饭，困来即卧，愚人笑我，智乃知焉。"（《古尊宿语录》卷十一）要成佛达到涅槃境界，不是靠那些外在的修行，而是得如慧稜那样忽然顿悟。有僧问马祖："如何修道？"马祖说："道不属修，言修得，修成还坏。"道如何能修得，靠所谓'修"就是要勉强自己，这种不自然的作法，当然会"修成还坏"。所以修道不能在平常生活之外去刻意追求。有源律师问大珠慧海禅师："和尚修道还用功否？"慧海说："用功。"源律师问："如何用功？"慧海回答说："饥来吃饭，困来即眠。"源律师又问："一切人总如是，同师用功否？"慧海说："不同。"源律师问："如何不同？"慧海说："他吃饭时，不肯吃饭，百般须索；睡时不肯睡，千般计较，所以不同也。"（《景德传灯录》卷六）平常人吃饭，挑肥拣瘦；睡觉胡思乱想：自是有所取舍、执著，不得解脱。真正懂得禅宗的人"要眠即眠，要坐即坐"，"热即取凉，寒即向火"。有僧问赵州从念："学人乍入丛林，乞师指示。"从念说："吃饭也未？"僧曰："吃粥了也。"从念说："洗钵去。""其僧因此大悟。"（《指月录》卷十一）吃过饭自然应洗碗，这是平平常常的，唯有如此，才能坐亦禅，卧亦禅，静亦禅，动亦禅，吃饭拉屎，莫非妙道。禅定既非必要，一切戒律更不必修持了。陆希声问仰山："和尚还持戒否？"仰山说："不持戒。"李翱问药山："如何是戒定慧？"药山说："这里无此闲家具。"戒定慧本是佛教"三学"，学佛者必须之门径，但照禅宗大师看这些都是无用的东西。禅宗的这一否定，似乎所有的修持方法全无必要，从而把一切外在的形式的东西都否定了。禅宗如是看是基于"平常心是道心"，在平常心外再无什么"道心"，在平常生活外再不须有什么特殊的生活，如有此觉悟，内在的平常心即可成为超越的道心，正如印顺法师的《中国禅宗史》中所说："性是超越的（离一切相，性体清净），又是内在的（一切法不异于此）。从当前一切而悟入超越的，还要不异一切，圆悟一切无非性之妙用的。这才能入能出，有体有用，事理一如，脚跟落地。”（台湾正闻出版社 1987 年版，第 375 页）

三、中国禅宗不拜偶像，呵佛骂祖，一念悟即成佛

印度文化中颇多神秘主义色彩，印度佛教也不能不受印度传统文化这种神秘主义影响，特别是释迦牟尼以后更是如此。例如在佛教中有所谓二十八重天，十八层地狱，每个层次又有无数天堂和地狱，以及众多的具有超自然伟力的佛和菩萨，这些当然都是受印度传统文化的影响而有。即使是比较平实的“教外别传”的印度禅也有不少神秘色彩，传说印度禅的二十八祖都有所谓六神通：天耳通、天眼通、他心通、宿命通、神足通、漏尽通等。就是印度禅修行的四种境界“四禅天”也颇具神秘性。而中国禅自慧能以后却不如此。慧能说：“我心自有佛，自佛是真佛。”基于此，禅宗反对神通和偶像崇拜。《五灯会元》卷十三载，有云居道膺禅师“结庐于三峰，经旬不赴堂。洞山（良价）问：子近日何不赴斋？师曰：每日自有天神送食。山曰：我将谓汝是个人，犹作这个见解在。汝晚间来。师晚至。山召：膺庵主。师应诺。山曰：不思善，不思恶，是什么？师回庵，寂然宴坐，天神自此觅寻不见，如是三日而绝”。良价批评道膺的基本点，就在于道膺是个人怎么会相信那些神秘的神通呢？“不思善，不思恶”是什么意思？这正是慧能叫人不持着那些自己想象出来的莫须有的东西。《禅宗传》载：“明上坐向六祖求法。六祖云：汝暂时敛欲念，善恶都莫思量。明上坐乃禀言。六祖云：不思善，不思恶，正当与时么，还我明上坐父母未生时面目。时上坐于言下，忽然默契，便拜云：如人饮水，冷暖自知。”所谓“天神送食”只是道膺的幻想，当他一旦觉悟，幻想尽除，再无天神可寻觅了。人本来应是人，有人之本来面目，一切全靠自己

觉悟，根本不需要外在的超越力量的帮助。契嵩本《坛经》有《无相颂》一首：

心平何劳持戒，行直何用修禅，
恩则孝养父母，义则上下相怜。
让则尊卑和睦，忍则众恶无喧，
若能钻木取火，淤泥定生红莲。

苦口的是良药，逆耳必是忠言，
改过常行饶益，成道非由施钱。
菩提只向心觅，何劳向外求玄。
听说依此修行，天堂只在目前。

这首颂不仅否定了外在的神秘力量的存在，而且否定了所谓的天堂和地狱的存在，认为人们只是要在现实生活中平平常常地尽职尽责地生活，在眼前生活中靠自已所具有的佛性（即内在的本性）即可以成禅。宗杲大慧禅师说：“世间法即佛法，佛法即世间法。”

《五灯会元》卷五载：天然禅师“于慧林寺遇天大寒，取木佛烧火，院主呵曰：何得烧我木佛。师以杖拨灰曰：吾烧取舍利。主曰：木佛何有舍利？师曰：既无舍利，更取两尊烧。”木佛本是偶像，那会有佛舍利，烧木佛无非烧木制之像而已，否定了自已心中的偶像，正是对“我心自有佛，自佛是真佛”的体证。临济义玄到熊耳塔头，塔主问：“先礼佛，先礼祖？”义玄曰：“佛祖俱不礼。”（《景德传灯录》卷十二）禅宗对佛祖不仅全无敬意，还可以呵佛骂祖。德山宣鉴说：“这里无佛无祖，达摩是老臊胡，释迦老子是干屎橛，文殊普贤是担屎汉。”（《五灯会元》卷七）照禅宗看，自已本来就是佛，哪里另外还有佛？他们所呵所骂的无非是人们心中的偶像，对偶像的崇拜只能障碍其自性的发挥。《景德传灯录》卷七载："问：如何是佛？师云：他是阿谁？"卷十一载："灵训禅师初参归宗，问：如何是佛？……宗曰：即汝便是。"每个人自己就是佛，那能问"如何是佛"，问"如何是佛"就是向心外求佛了。而且对自身成佛也不能执著不放，黄檗说："才思作佛，便被佛障。"一个人念念不忘要成佛，那就不能自自然然地生活，而有所求，这样反而成为成佛的障碍。有僧问洞山良价："如何是佛？"答曰："麻沂。"或问马祖："如何是西来意？师便打，曰：我若不打你，诸方笑我。"（《景德传灯录》卷六）良价所答非所问，目的是要打破对佛的执著；马祖更是要打断对外在佛法的追求，因为照马祖看："汝等诸人，各信自心是佛，此心即是佛心。"这正是禅宗的基本精神，正如《坛经》中说："佛是自性作，莫向身外求。自性迷，佛即众生；自性悟，众生即佛。"

据上所述，可知中国禅宗的中心思想或基本命题是"识心见性"、"见性成佛"。在《坛经》中应用的基本概念是"心"和"性"。"心"或叫"自心"、"本心"、"自本心"等；"性"或叫"自性"、"本性"、"法性"、"自法性"等。"心"和"性"大体是一个意思，都是指每个人的内在生命的主体，它本来清净、空寂，它又是超越于现象界的，但它的活动可变现为种种不同的事物，如《坛经》说："心量广大，犹如是虚空，……虚空能含日月星辰，大地山河，一切草木，恶人善人……"又说："世人性本自净，万法在自性，思量一切恶事，即行于恶；思量一切善事，便修于善行。知如是一切法尽在自性，自性常清净。"善与恶，天堂与地狱，山河大地，草木虫鱼等等都是因"心"之"思量"作用而从自性中变现出来的。一切事物的出现，都不能离间"自性"，就像万物在虚空中一样。如果人的"心"迷悟了，就不能见自性，只能是凡夫俗子；如果人的自心常清净，就是"见性"，则是佛菩萨。《坛经》说："我心自有佛，自佛是真佛；自若无佛心，向何处求佛。"

照禅宗看，人的自性（或本心）本来是广大虚空一无所有，但它并不是死寂的，而是能“思量”的，一切事物皆由“思量”出。如果这些“思量”活动一过不留，那么对自己的“自性”就无任何影响，则自性常处于清净状态。“自性常清净”，就好像日月常明一样，只是有时为云覆盖，在上面的日月虽明，但在下面看到的则是一片昏暗，致使看不到日月的本来面目。如果能遇到惠风（按：指大善知识的指点和启发）把云雾吹散卷尽，那么常明之日月等等自然显现。《坛经》中说：“世人性净犹如青天，惠如日，智如月，智慧常明。于外著境，妄念浮云盖覆，自性不明，故遇善知识开真法，吹却迷妄，内外明彻，于自性中，万法皆见。”善知识只能对人们有启发作用，觉悟不觉悟还在自己：“自有本觉性，将正见度，般若之智，除却愚痴迷妄，各各自度。”（《坛经》）

敦煌本《坛经》“佛性”一词很少见，但元宗宝本“佛性”则多见。《坛经》有两处说到“佛性”较重要：一是慧能在黄梅五祖处所作的偈：“佛性常清净”；另一处是答韦使君问，说“造寺、布施、供养”等“实无一德”时说：“功德在法身，非在福田；自法性是功德，平直是德。内见佛性，外行恭敬。”前一条说明“佛性”的本质是“常清净”，这与“自性”一样，所以所谓“佛性”即“自性”，亦即为人之本性，它是每个人的内在生命的主体。后一条说明“佛性”即“自法性”，而为人之内在本质。基于此，禅宗即可立其“识心见性”、“见性成佛”的理论。“识心见性”是说，如对自己的本心有所认识就可见到“自性常清净”；得其“自性常清净”就是使其内在的本性显现为超越的佛性，“识心见性，自成佛道”（《坛经》），这一切皆在“悟即成智”也。

那么人如何能“识心见性”？禅宗指出了一条直接简单的修行法门，这就是他们所立的“无念为宗，无相为体，无住为本”的法门。《坛经》中说：

> 我此法门，从上以来，顿渐皆立无念为宗，无相为体，无住为本。何名无相？无相者，于相而离相。无念者，于念而不念。无住者，为人本性，念念不住，前念、今念、后念，念念相续，无有断绝；若一念断绝，法身即离色身，念念时中，于一切法上无住，一念若住，念念即住，名系缚；于一切上，念念不住，即无缚也。此是以无住为本。

“无相”是说，对于一切现象不要去执著（离相），因为一般人往往执著现象以为实体，如以坐禅可以成佛，那就是对于坐禅有所执著；如以拜佛可以成佛，那就是对拜佛有所执著，这都是“取相着相”。“取相着相”障碍自性，如云雾覆盖明净的虚空一样。如能“于相离相”则可顿见性体的本来清净，就像云雾扫除干净而现明净虚空。所以无相不仅仅是不要执著一切现象，而且因离相而显“自性常清净”，《坛经》说：“但能离相，性体清净，是以无相为体。”所谓“无住”是说，人的自性本来是念念不住的，前念、今念、后念是相续不断的，如果一旦停留在某一物上，那么就不能是念念不住而是念念即住了，这样“心”就被“系缚”住了，“心不住法即通流，住即被缚”。如能对一切事物念念不住，过而不留，如雁过长空，不留痕迹；放过电影，一无所有，这样就不会被系缚，“是以无住为本”。“无念”不是“百物不思，念尽除却”，不是对任何事物都不想，而是在接触事物时，心不受外境的任何影响，“不于境上生心”。“念”是心的作用，心所对的是境（外境，即种种事物），一般人在境上起念，如境美好，那么就在境上起念，而有贪；如境不好，那么就在境上起念，而有瞋，因此一般人的“念”是依境而起，随境变迁，这样的“念”是“妄念”，经常为境所役使，而不得自在。如果能“于诸境上心不染”，这样就可以不受外境干扰，虽处尘世，却可无染无杂，来去自由，自性常清净，自成佛道。以上所论“无相”、“无住”、“无念”实均一心的作用，且迷与悟均在一念之间，故成佛道当靠顿悟。

据以上所说，我们或可得以下结论：

1．中国禅宗之所以是中国的思想传统而区别于印度佛教，正因其和中国的儒家和道家哲学一样也是以“内在超越”为特征。它之所以深深影响宋明理学（特别是陆王心学），正在于其思想的“内在超越性”。如果说以“内在超越”为特征的儒家学说所追求的是道德上的理想人格超越“自我”而成“圣”，以“内在超越”为特征的道家哲学所追求的则是精神上的绝对自由，超越“自我”而成“仙”，那么，以“内在超越”为特征的中国禅宗则是追求一种瞬间永恒的神秘境界，超越“自我”而成“佛”，就这点说禅宗仍具有某种宗教的形式。

2．禅宗虽然仍具有某种宗教的形式，但由于它要求破除念经、坐禅、拜佛等一切外在的束缚，这样势必又包含着否定其作为宗教本身的意义。这就是说，禅宗的世俗化使之成为一种非宗教的宗教在中国发生影响，它把人们引向在现实生活中实现超越现实的目的，否定了在现实世界之外与之对立的天堂与地狱，表现出“世间法即佛法，佛法即世间法”的世俗精神。

3．禅宗作为一种宗教，它不仅破除一切传统佛教的规矩，而且认为在日常生活中不靠外力，只靠禅师的内在自觉，就可以成佛，这样就可以把以“外在超越”为特征的宗教变成以“内在超越”为特征的非宗教的宗教，由出世转向入世，从而克服了二元的倾向。这样转变，是否可以说禅宗具有某种摆脱传统的宗教模式的倾向。如果可以这样说，那么研究禅宗的历史，将对研究现实社会生活中的宗教有着重要的意义。

4．如果说在中国有着强大的禁锢人们思想的传统，那么是否也有要求打破一切禁锢人们思想的资源呢？如果确有这样的资源，禅宗应是其中重要的一部分。禅宗否定一切外在的束缚，打破一切执著，破除传统的权威和现实的权威，一任本心，从这个意义上说人自己可以成为自己的主宰，这样的思想解放作用在我国长期封建专制社会中应是难能可贵的，似乎应为我们注意。当然禅宗由此而建立了以“自我”的内在主体性为中心的权威，虚构了“自我”的无限的超越力量，而又可以为以“自我”为中心的内在主体性所束缚，这可能是禅宗无法解决的矛盾。

5. 禅宗这种以“内在超越”为特征的思想体系，有着鲜明的主观主义特色，它必然导致否定任何客观标准和客观有效性。这既不利于对外在世界的探讨和建立客观有效的社会制度和法律秩序，同时在对探讨宇宙人生终极关切问题上也不无缺陷。因此，我们是否可以提出一个问题，即能否建立一个包容以“内在超越”为特征的思想，同时也包容以‘外在超越”为特征的思想的更完满的哲学体系呢？我认为，这个问题或者是中国哲学发展应受到重视的问题。

6. 如果说有可能建立一包容“内在超越”和“外在超越”的中国哲学体系，那么能否在中国传统哲学中找到内在资源？我认为，中国传统哲学中是有这方面内在资源的。本来在孔子思想中就有两个方面：一方面有“为仁由己”、“人能弘道，非道弘人”的说法；另一方面也有“畏天命，畏大人，畏圣人之言”的说法。前者是孔子思想中的“内在超越”方面；后者是孔子思想中“外在超越”方面，或者说从后者可以看出孔子思想也有“外在超越”的因素。但后来儒家发展了前一方面，而后一方面没有得到发展。如果能使上述孔子思想中的两个方面同时发展，又有所结合，是否可以沿着孔子思想发展出一包容“内在超越”和“外在超越”的哲学体系呢？我想，这是一个值得我们探讨的问题。比孔子稍后的哲学家墨子，他的哲学可以说是以“外在超越”为特征的哲学体系。墨子哲学可以说由两个相互联系的组成部分：一是具有人文精神的“兼爱”思想；另一是具有宗教性的“天志”思想。这两方面看起来似乎有矛盾，但在墨子思想体系中却认为“兼爱”是“天”的意志最根本的体现，所以“天志”应是墨子思想的核心。墨子的“天志”思想认为“天”是有意志的，它的意志是衡量一切事物最高和最后的标准，它可以赏善罚恶，它是一外在于人的超越力量，或者说它具有明显的“外在超越性”。因此，墨家哲学发展到后期墨家就更具有科学因素和逻辑学和认识论思想。可惜在战国以后墨家思想没有得到发展。墨家思想是否可以成为我们建立一包容“内在超越”和“外在超越”的中国哲学体系的内在资源呢？我想也应是我们可以研究的一个课题。

无答之问或无果之行

史铁生

地狱能空吗？矛盾能无吗？困苦能全数消灭吗？没有差别没有矛盾没有困苦的世界，很难想象是极乐，只能想象是死寂。

现今，信徒们的火气似乎越来越大，狂傲风骨仿佛神圣的旗帜，谁若对其所思所行稍有疑虑或怠慢，轻则招致诅咒，重则引来追杀。这不免让人想起红卫兵时代的荒唐，大家颂扬和憧憬的是同一种幸福未来，却在实行的路途上相互憎恨乃至厮杀得英雄辈出，理想倒乘机飘离得更加遥远。很像两个孩子为一块蛋糕打架，从桌上打到桌下，打到屋外再打到街上，一只狗悄悄来过之后，理想的味道全变。

很多严厉的教派，如同各类专横的主义，让我不敢靠近。

闻佛门“大肚能容”可“容天下难容之事”，备觉亲近，喜爱并敬仰，困顿之时也曾得其教益。但时下，弄不清是怎么一来，佛门竟被信佛的潮流冲卷得与特异功能等同。说：佛就是最高档次的特异功能者，所以洞察了生命的奥秘。说：终极关怀即是对这奥秘的探索，唯此才是生命的根本意义，生命也才值得赞美。说：若不能平息心识的波澜，人就不可得此功能也就无从接近佛性。言下之意生命也就失去价值，不值得赞美。更说：便是动着行善的念头，也还是掀动了心浪，唯善恶不思才能风息浪止，那才可谓佛行。如是之闻，令我迷惑不已。

从听说特异功能的那一天起，我便相信其中必蕴藏了非凡的智识，是潜在的科学新大陆。当然不是因为我已明了其中奥秘，而是我相信，已有的科学知识与浩瀚的宇宙奥秘相比，必仅沧海一粟，所以人类认识的每一步新路必定难符常规；倘不符常规即判定其假，真就是“可笑之人”也要失笑的可笑之事了。及至我终于目睹了特异功能的神奇，便更信其真，再听说它有多么不可思议的能力，也不会背转身去露一脸自以为是的嘲笑。嘲笑曾经太多，胜利的嘲笑一向就少。

但是——我要在“但是”后面小做文章了。（其实大小文章都是作于“但是”之后，即有所怀疑之时。）但是！我从始至今也不相信特异功能可以是宗教。宗教二字的色彩不论多么纷繁，终极关怀都是其最根本的意蕴。就是说，我不相信生命的意义就是凭借特异功能去探索生命的奥秘。那样的话它与科学又有什么不同？对于生命的奥秘，你是以特异功能去探索，还是以主流科学去探索，那都一样，都还不是宗教不是终极关怀，不同的只是这探索的先进与落后、精深与浅薄以及功效的高低而已。而且这探索的前途，依“可笑之人”揣想，不外两种：或永无止境，或终于穷尽。“永无止境”比较好理解，那即是说：人类的种种探索，每时每刻都在限止上，每时每刻又都在无穷中；正因如此，才想到对终极的询问，才生出对终极的关怀，才要问生命的意义到底何在。而“终于穷尽”呢，总让人想不通穷尽之后又是什么？即便生命的奥秘终于了如指掌，难道生命的意义就不再成为问题么？

我总以为，终极关怀主要不是对来路的探察，而是对去路的询问，虽然来路必要关心，来路的探察于去路的询问是有助的。在前几年的文学寻根热时，我写过几句话：“小麦是怎么从野草变来的是一回事，人类何以要种粮食又是一回事。不知前者尚可再从野草做起，不知后者则所为一概荒诞。”这想法，至今也还不觉得需要反悔。人，也许是猴子历经劳动后的演变，也许是上帝快乐或寂寞时的创造，也许是神仙智商泛滥时的发明，也许是外星人纵欲而留下的野种，也许是宇宙能量一次偶然或必然的融合，这都无关宏旨，但精神业已产生，这一事实无论其由来如何总是要询问一条去路，或者总是以询问去路证明它的存在，这才是关键。回家祭祖的路线并不一定含有终极关怀，盲流的家园可以是任意一方乐土，但精神放逐者的家园不可以不在生命的意义。生命的意义若是退回到猴子或还原为物理能量，那仿佛我们千辛万苦只是要追究“造物主”的错误。“道法自然”已差不多是信徒们的座右铭，但人，不在自然之中吗？人的生成以及心识的生成，莫非不是那浑然大道之所为？莫非不是“无为无不为”的自然之造化？去除心识，风息浪止，是法自然还是反自然，真是值得考虑。(所谓“不二法门”，料必是不能去除什么的，譬如心识。去除，倒反而证明是“二”。“万法归一”显然也不是寂灭，而是承认差别和矛盾的永在，唯愿其和谐地运动，朝着真善美的方向。)佛的伟大，恰在于他面对这差别与矛盾以及由之而生的人间苦难，苦心孤诣沉思默想；在于他了悟之后并不放弃这个人间，依然心系众生，执著而艰难地行愿；在于有一人未度他便不能安枕的博爱胸怀。若善念一动也违佛法，佛的传经布道又算什么？若是他期待弟子们一念不动，佛法又如何传至今天？佛的光辉，当不在大雄宝殿之上，而在他苦苦地修与行的过程之中。佛的轻看佛法，绝非价值虚无，而是暗示了理论的局限。佛法的去除“我执”，也并非是取消理想，而是强调存在的多维与拯救的无限。

(顺便说一句：六祖慧能得了衣钵，躲过众师兄弟的抢夺，星夜逃跑……这传说总让我怀疑。因为，这行动似与他的著名偈语大相径庭。既然“菩提本无树，明镜亦非台，本来无一物，何处染尘埃”，倒又怎么如此地看重了衣钵呢?)

坦白说，我对六祖慧能的那句偈语百思而不敢恭维。“本来无一物”的前提可谓彻底，因而“何处染尘埃”的逻辑无懈可击，但那彻底的前提却难成立，因为此处之“物”显然不是指身外之物以及对它的轻视，而是就神秀的“身为菩提树，心如明镜台”而言，是对人之存在的视而不见，甚至是对人之心灵的价值取消。“本来无一物”的境界或许不坏，但其实那也就没有好歹之分，因为一切都无。一切都无是个省心省力的办法，甚至连那偈语也不必去写，宇宙就像人出现之前和灭绝之后那般寂静，浑然一体了无差异，又何必还有罗汉、菩萨、佛以及种种境界之分？那佛祖的宏愿本是根据一个运动着的世界而生，根据众生的苦乐福患而宠，一切都无，佛与佛法倒要去救助什么？所救之物首先应该是有的吧，身与心与尘埃与佛法当是相辅相成的吧，这才是大乘佛法的入世精神吧。所以神秀的偈语，我以为更能体现这种精神，“身为菩提树，心如明镜台，时时勤拂拭，莫使染尘埃”，这是对身与心的正视，对罪与苦的不惧，对善与爱的提倡，对修与行的坚定态度。

也许，神秀所说的仅仅是现世修行的方法，而慧能描画的是终极方向和成佛后的图景。但是，“世上可笑之人”的根本迷惑正在这里：一切都无，就算不是毁灭而是天堂，那天堂中可还有差别？可还有矛盾？可还有运动么？依时下信佛的潮流所期盼的，人从猴子变来，也许人还可变到神仙去，那么神仙即使长生是否也要得其意义呢？若意义也无，是否就可以想象那不过是一棵树、一块石、一座坚固而冷漠的大山、一团随生随灭的星云？就算这样也好，但这样又何劳什么终极关怀？随波逐流即是圣境，又何必念念不忘什么“因果”？想来这“因果”的牵念，仍然是苦乐福患，是生命的意义吧。

当然还有一说：一切都无，仅指一切罪与苦都无，而福乐常在，那便是仙境便是天堂，便是成佛。真能这样当然好极了。谁能得此好运，理当祝贺他，欢送他，或许还可以羡慕他。可是剩下的这个人间又将如何？如果成佛意味着独步天堂，成佛者可还为这人间的苦难而忧心么？若宏愿不止，自会忧心依旧，那么天堂也就不只有福乐了。若思断情绝，弃这人间于不闻不问，独享福乐便是孜孜以求的正果，佛性又在哪儿？还是地藏菩萨说得好：“地狱未空，誓不成佛。”我想这才是佛性之所在。但这样，便躲不过一个悖论了：有佛性的誓不成佛，自以为成佛的呢，又没了佛性。这便如何是好？佛将何在？佛位，岂不是没有了？

或许这样才好。佛位已空，才能存住佛性。佛位本无，有的才是佛行。这样才“空”得彻底，“无”得真诚，才不会执于什么衣钵，为着一个领衔的位置追来逃去。罗汉呀、菩萨呀，那无非标明着修习的进程，若视其为等等级级诱人的宝座，便难免又演出评职称和晋官位式的闹剧。佛的本意是悟，是修，是行，是灵魂的拯救，因而“佛”应该是一个动词，是过程而不是终点。

修行或拯救，在时空中和在心魂里都没有终点，想必这才是“灭执”的根本。大千世界生生不息，矛盾不休，运动不止，困苦永在，前路无限，何处可以留住？哪里能是终点？没有。求其风息浪止无扰无忧，倒像是妄念。指望着终点（成佛、正果、无苦而极乐），却口称“断灭我执”，不仅滑稽，或许就要走歪了路，走到为了独享逍遥连善念也要断灭的地步。

还是不要取消“心识”和“执著”吧——可笑如我者作如此想。因为除非与世隔绝顾自逍遥，魔性佛性总归都是一种价值信奉；因为只要不是毁灭，灵魂与肉身的运动必定就有一个方向；因为除了可祝贺者已独享福乐之外，再没见有谁不执著的，唯执著点不同而已。有执著于爱的，有执著于恨的，有执著于长寿的，有执著于功名的，有执著于投奔天堂的，有执著于拯救地狱的，还有执著于什么也不执著以期换取一身仙风道骨的……想来，总不能因为有魔的执著存在，便连佛的执著也取消吧，总不能因为心识的可能有误，便连善与恶也不予识别，便连魔与佛也混为一谈吧。

佛之轻看心识，意思大概与“生命之树常青，理论永远是灰色的”相似。我们的智力、语言、逻辑、科学或哲学的理论，与生命或宇宙的全部存在相比，是有限与无穷的差距。今天人们已经渐渐看到，因为人类自诩为自然的主宰，自以为科学技术的不断发展便可引领我们去到天堂，已经把这个地球榨取得多么枯瘪丑陋了，科学的天堂未见，而人们心魂中的困苦有增无减。因此，佛以其先知先觉倡导着另一种认识方法和生活态度。这方法和态度并不简单，若要简单地概括，佛家说是：明心见性。那意思是说：大脑并不全面地可靠，万勿以一（一己之见）概全（宇宙的全部奥秘），不可妄自尊大，要想接近生命或宇宙的真相，必得不断超越智力、逻辑、理论的局限，才能去见那更为辽阔奥渺的存在；要想创造人间的幸福，先要遵法自然的和谐，取与万物和平相处的态度。这当然是更为博大的智慧，但可笑如我者想，这并非意味着要断灭心识。那博大的智慧，是必然要经由心识的，继而指引心识，以及与心识通力合作。就像大学生都曾是从小学校里走出来的，而爱因斯坦的成就虽然超越了牛顿但并不取消牛顿。超凡入圣也不能弃绝了科学技术，最简单的理由就是芸芸众生并不个个都能餐风饮露。这是一个悖论，科学可以造福，科学也可以生祸，福祸相倚，由是佛的指点才为必要。语言和逻辑呢，也不能作废，否则便是佛经也不能读诵。佛经的流传到底还是借助了语言文字，经典的字里行间也还是以其严密的逻辑令人信服、教人醒悟。便是玄妙的禅宗公案，也仍然要靠人去沉思默解，便是“非常道”也只好强给它一个“非常名”，真若不留文字，就怕那智慧终会湮灭，或沦为少数慧根丰厚者的独享。这又是一个悖论，语言给我们自由，同时给我们障碍，这自由与障碍之间才是佛的工作，才是道的全貌。最要紧的是：倘在此心识纷纭、执著各异的世界上，一刀切地取消心识和执著，料必要得一个价值虚无的麻木硕果，以致佛魔难分，小术也称大道，贪官也叫公仆，恶也作佛善也作佛，佛位林立单单不见了佛性与佛行。

心识加执著，可能产生的最大祸患，怕就是专制也可以顺理成章。

恶的心识自不必说，便是善的执著也可能如此。比如爱，“爱你没商量”就很可能把别人爱得痛苦不堪，从而侵扰了他人的自由和权利。但这显然不意味着应该取消爱，或者可爱可不爱。失却热情（执著）的爱早也就不是爱了。没有理性（心识）的爱呢，则很可能只是情绪的泛滥。美丽的爱是要执著的，但要使其在更加博大的维度中始终不渝，这应该是佛愿的指向，是终极的关怀。

心识也好，智慧也好，都只是对存在的（或生命奥秘的）“知”，不等于终极关怀。而且！智慧的所“见”也依然是没有止境，佛法的最令人诚服之处，就在于它并不讳言自身的局限，和其超越、升华的无穷前景。若仅停留于“知”，并不牵系于“愿”付诸于“行”，便常让人疑惑那是不是借助众生的苦难在构筑自己的光荣。南怀瑾先生的一部书中的一个章节，我记得标题是《唯在行愿》，我想这才言中了终极关怀。终极关怀都是什么？论起学问来令人胆寒，但我想“条条大路通罗马”，千头万绪都在一个“爱”字上。“断有情”，也只是断那种以占有为目的或以奉献求酬报的“有情”，而绝不是要把人断得麻木不仁，以致见地狱而绕行，见苦难而逃走。（话说回来，这绕行和逃走又明显是“有情”未断的表征，与地藏菩萨的关怀相比，优劣可鉴。）爱，不是占有，也不是奉献。爱只是自己的心愿，是自己灵魂的拯救之路。因而爱不要求（名、利、情的）酬报；不要求酬报的爱，才可能不通向统制他人和捆绑自己的“地狱”。地藏菩萨的大愿，大约就可以归结为这样的爱，至少是始于这样的爱吧。

但是，我很怀疑地藏菩萨的大愿能否完成。还是老问题：地狱能空吗？矛盾能无吗？困苦能全数消灭吗？没有差别没有矛盾没有困苦的世界，很难想象是极乐，只能想象是死寂。——我非常渴望有谁能来驳倒我，在此之前，我只好沿着我不能驳倒的这个逻辑想下去。

有人说：佛法是一条船，目的是要渡你去彼岸，只要能渡过苦海到达彼岸，什么样的船都是可以的。对此我颇存疑问：一是，说彼岸就是一块无忧的乐土，迄今的证明都很无力；二是“到达”之后将如何？这个问题似在原地踏步，一筹莫展；三是，这样的“渡”，很像不图小利而要中一个大彩的心理，怕是聪明的人一多，又要天翻地覆地争夺不休。

所谓“断灭我执”，我想根本是要断灭这种“终点执”。所谓“解脱”，若是意味着逃跑，大约跑到哪儿也还是难于解脱，唯平心静气地接受一个永动的过程，才可望“得大自在”。彼岸，我想并不与此岸分离，并不是在这个世界的那边存在着一个彼岸。当地藏菩萨说“地狱不空誓不成佛”时，我想，他的心魂已经进入彼岸。彼岸可以进入，但彼岸又不可能到达，是否就是说：彼岸又不是一个名词，而是动词？我想是的。彼岸、普度、宏愿、拯救，都是动词，都是永无止境的过程。而过程，意味着差别、矛盾、运动和困苦的永远相伴，意味着普度的不可完成。既然如此，佛的“普度众生”以及地藏菩萨的大愿岂不是一句空话了？不见得。理想，恰在行的过程中才可能是一句真话，行而没有止境才更见其是一句真话，永远行便永远能进入彼岸且不弃此岸。若因行的不可完成，便叹一声“活得真累”，而后抛弃爱愿，并美其名为“解脱”和“得大自在”——人有这样的自由，当然也就不必太反对，当然也就不必太重视，就像目送一只 UFO 离去，回过头来人间如故。

还有一种意见，认为：说到底人只可拯救自己，不能拯救他人，因而爱的问题可以取消。我很相信“说到底人只可拯救自己”，但怎样拯救自己呢？人不可能孤立地拯救自己，和把自己拯救到一个与世隔绝的地方去。世上如果只有一个人，或者只有一个生命，拯救也就大可不必。拯救，恰是在万物众生的缘缘相系之中才能成立。或者说，福乐逍遥可以独享，拯救则从来是对众生（或曰人类）苦乐福患的关注。孤立一人的随生随灭，细细想去，原不可能有生命意义的提出。因而爱的问题取消，也就是拯救的取消。

当然“爱”也是一个动词，处于永动之中，永远都在理想的位置，不可能有彻底圆满的一天。爱，永远是一种召唤，是一个问题。爱，是立于此岸的精神彼岸，从来不是以完成的状态消解此岸，而是以问题的方式驾临此岸。爱的问题存在与否，对于一个人、一个族、一个类，都是生死攸关，尤其是精神之生死的攸关。

一九九四年五月二十四日

禅，禅宗，禅宗之禅

杜继文

禅宗的禅，核心是“心”。此“心”在佛教称为佛性、如来藏、真如、觉，其功能归结为智，为知，为悟，它的宗教化为不灭的“神”，文艺上称性灵、灵性、悟性。

现时有各种热。文化中的热点也不少，宗教是其中之一，而又以禅最为特别，它不但热在国内，而且热到海外，传感到了西方。

禅热的原因很复杂，也不是始自国内。有信奉者，有研究者；有推崇者，有批判者；有人认为禅是不可思议的，有人认为完全可以考察。从中国胡适与日本铃木大拙的争论算起，断断续续约有半个世纪，至今完成了两个普及率很高的观念：禅的认识曰“悟”，属于“非理性”范畴；禅的功能在于实现“神异”，是“特异功能”的实证。

然而今人通称的“禅”，实是经过禅宗洗礼的“禅”。于是“禅”所具有的属性，也就被理解为禅宗所具有的属性。据此，禅师便成了“神异”的超人，禅宗则成了一种非理性组织，在我国的历史上和文化上，也就留下了一块永远不可解的神秘主义区域。我的看法反是。非理性可以作理性的解释，神秘主义也能成为科学的研究对象，何况史实远非眼下理解的那个样子。这里，我想仅就禅与禅宗以及禅宗之禅的关系问题，略谈些个人的意见。

一、禅是一类宗教修持

在世界诸大宗教中，佛教有许多独特点。有学者认为，佛教是一种

“无神论”的宗教，或者只是一个哲学派别而不是宗教；有学者认为，佛教不但是有神论者，甚至还是“多神论”者。从定性上，就出现这种完全相反的认识，正是佛教独特点的一种反映。

佛教的基本教理是“缘起”，基本信仰是“业报”。我所谓基本，是相对于“四谛”、“十二因缘”等原始教义和“佛”、“涅槃”等最高观念，甚至于被规定为佛教特征的“三法印”而言的，它们都可以变化，可以产生歧义，唯有“缘起”和“业报”，贯彻于佛教历史的全过程，遍及于佛教的各个派别。克实而言，“缘起”只是“业报”的理论形式，“业报”才是佛教的主体信仰。“业报”既是世间的本原，也是出世间的本原。

“业报”的“业”，指“身、口、意”，即人的思想行为。一定的思想行为，必然产生一定的结果，名之曰“报”。世界的一切无不处在因果的链锁中，决定这因果链锁的，唯是众生的思想行为，而与上帝、诸神和任何外力无关。思想支配行为，所以在诸“业”中，“意”又起决定作用。“意”包括认识机能（识）、观念（想）、情感（受）、意志（行）等一切精神现象，亦名为“心”，是世界和人生的真正创造者，也是解脱的主体和动因。因此，佛教的宗教实践，集中在个人的思想修持和行为规范上。它的修持法门异常之多，包括诸如塔崇拜、经书崇拜、佛菩萨阿罗汉崇拜，以至净土崇拜等类似外力的信仰。但从其缘起的教理上说，这一切外力都是虚假的存在，不是真理。外力崇拜作为自我净化的手段有用，而不能执为目的。佛教普遍提倡“三学”，广而为“八正道”、“三十七菩提分”，大乘佛教特别提倡“六度’，或”十度”，指的都是自力修持，而无外力崇拜的内容。

在全部修持中，所谓“禅”就是最重要，也是最具特色的一项。禅居“三学”之一，“六度”之一，可以说，无“禅”不成修，无“禅”即无佛教。

一般都知道，“禅”是外来语音译“禅那”之略，意译旧作“思维修”，新作“静虑”，指在消除了食、色等欲念基础上，继续专心修持所达到的一类特殊的身心状态。它由三种心理要素构成，即思维能力、感受能力和“心一境性”。思维能力的表现形式不同，有凭借语言概念（寻、伺）进行的，有摆脱语言概念（无寻、无伺）进行的，在语言概念的运用上，也有粗（寻）、细（伺）的区别。禅那的运行就是思维之从粗到细，从凭借语言概念到摆脱语言概念的过程。与这一过程相应，身心感受都处在一种轻适愉悦的状态，并推动和维持禅的持续活动。但这种感受有自觉（喜乐）和不自觉（舍）的差别，自觉中也有粗（喜）、细（乐）的区别，与思维形式同步演变。正是基于禅过程中思维形式和主观感受的不同，呈现为过程的阶段性，因而被划分为四种，通称“四禅”。

四禅的共性是绝对不受食色等生理本能的驱使，身心安适，思维明晰；最高境界则是排除任何名言和感受的扰动，令身心安适、思维明晰，处于一种自然无为的状态。因此，就其抽象形式而言，禅的这种修持与中国的气功类似，如果用于调节身心平衡和保健医疗，可以成为一份很有开发价值的遗产。就佛教而言，在大多情况下是利用它的专心一致、思想明晰的功能，观想佛理，实证真谛。据说真谛是不可以语言把握的，而禅的高级阶段则提供了这种可能。

所谓实证，亦名亲证、现观，具有一定的神秘性，但仍属于认识论探讨的范围。禅本身的神秘性主要表现在它之能够产生“神通”上。所谓“神通”，指一种超人、超自然的能力，一般分为五类，简称“五通”，实际上包括一切神智异能，也就是原始巫觋所信奉的那类不受任何客观限制的能力。佛教一般把神通作为吸引信徒、普渡众生的“方便”，亦列入“智”的一类。在中国，像东晋时的支遁、道安、慧远等佛理大家，也都相信它的真实性，历代《高僧传》还专列《神异》一门，记载这方面的人物。但“神通”始终没有在中国佛教中占据主导地位，一是戒律严禁自我宣扬，二是国家严禁妖言惑众。

禅之激发“神异”现象，与禅过程的诱导和禅思维的内容有关，也与禅激发主观感受的特殊性有关，属于自控或失控下的一类心理、生理畸变。在自控条件下，由禅诱发的种种幻觉、幻象和特殊感受，大体是预期的，理智可以驾驭，所以入禅与出禅、幻境与现实，行者比较清楚。反之，禅若失控，理智丧失，以幻为真，把身心异常当作“神通”，即是“禅病”。佛教涉及禅病的经论不少，列举的种类很多，其范围相当于精神失常。因此，佛教也有许多专治禅病的经论记载流行。尽管如此，仍有人把“禅病”视为禅的常态，甚至将禅病行为当作真有“神通”的证明，这影响也是不小的。

禅与佛教教义关系最紧密的，是后者关于“世间”的构想。按佛教的宗教分类，“世间”有二，曰器世间、众生世间；二者的统一，构成为“三界”、“五（或六）道”。众生按善恶业报法则流转轮回于三界、五（六）道之中。所谓“三界”，即欲界、色界、无色界；“五（六）道”中，唯“天”为高，“天”组成色界和无色界以及欲界的一部分。此中“色界”，就是行禅者死后投生处；禅有“四禅”，故“天”有四禅天。禅的原意及其功能大致如此。

但在实际运用中，“禅”所指谓的范围要广泛得多。禅的三要素中称作“心一境性”的那一支，是音译“三摩地”、“三昧”，意译“定”、“止”等的本质规定性，相当于普通心理学上的“注意力集中”，是正常人任何认识活动都必须具备的心理条件，在佛教的心理分类中列在“大地法”类，谓其“恒于一切心有”，就是这个意思。注意力集中在什么对象，按什么思维路线运作，观想什么样的内容，是决定认识性质的一般进程，佛教用于自己的宗教修持，就形成各种各样的禅法。“禅”与“定”、“止”、“三昧”等，通常可以互用，或合称“禅定”。从这个意义上说，禅法就是运用注意力的艺术，它们千差万别的性质，决定于注意力集中的程度、对象及其控制的思维路线和内容。上述“四禅”中的禅，仅是运用注意力于佛教实践的一种。

中国佛教早期流行的禅法中，除四禅外，尚有“四无色定”，是构划“三界”中“无色界”的禅定基础。“四禅”、“四无色”合称“四禅八定”；如果加上“四无量”，即是汉魏两晋期间广为流行的“十二门禅”。然而影响最大的禅法乃是被称为“二甘露门”的“数息观”与“不净观”。此二门都属“观身”范围，进一步扩大则为“八背舍”、“十一切处”等，传说的达摩“壁观”，就属于这类禅法。与“观身”相应，尚有专以“观心”为务的禅法，在南北朝以后尤为盛行，传说达摩或神秀即撰有《观心论》，到了北宋，围绕“观心”问题，天台宗还曾发生过重大争论。观身、观心，又都属于“四念住”的范围。“念住”，即思想止于一处，也是注意力集中的意思。有不少佛典对此作专门的记述。在大乘佛教特别标榜的禅法中，以观佛与悟理并行为主要内容的“般舟三昧”、“首楞严三昧”最受欢迎。由于大乘教理繁多，所倡三昧也多；几乎每部经典都有自己独特的一套禅法，所以它的三昧亦不可胜数。

总结这些禅法的基本功能，不外乎三个方面：其一是“对治”。对治心绪波动或心地暗昧，对治世俗欲望和情感，对治种种令人不安的烦恼等。这类功能，后来被集中包括在“五停心”内。第二是用于觉悟佛理，生长佛智。所谓四谛、二无我、性空、妙有等，据说都得靠禅定证得。第三是获取神通，并成为由释迦崇拜转向多佛崇拜的桥梁；不但构划世间三界，而且观想出世间的种种佛国净土，成为净土信仰的心理基础。

二、禅宗是一种社会运动

禅，作为一种宗教修持，为中外一切佛教派别所奉行。禅宗则是中国特定历史的产物，是对佛教，包括禅在内的全面革新，具有社会运动的性质。就保存和发扬禅的本义而言，天台宗远比禅宗要多得多。现在国内外谈禅者，忽视天台宗，是一个绝大的误会。

禅在中国佛教中的传播，大都与“智慧”结合一起，汉魏之际有所谓“禅数学”，即“定慧”双运，南北朝以后多讲“止观”兼行，成为隋唐诸大宗派的共性。起自两晋，也出现定慧相互分离的倾向，梁、唐、宋三种《高僧传》均设“义学”和“习禅”两门加以区分。实际上，这种区分是相对的，即使以“禅师”命名的高僧，也没有离开慧学的指导。真正将禅独立出来，用以统摄佛教一切法门的，当始于以修禅的名义聚众流动的僧团——即禅僧团的出现。

据《十二头陀行经》记，佛“与八千比丘、菩萨万人，皆着衣持钵游行乞食，食已，至阿兰若处加趺而坐”，这可以说是禅僧团的经典模型：聚众、游行、乞食、坐禅。这种模型的禅僧团，在中国最早出现于东晋晚期的北方。姚秦时罽宾僧人觉贤，聚徒数百，在长安街头行禅，与鸠摩罗什门徒冲突，后来被摈南逃。觉贤在西域时有弟子玄高，曾隐居麦积山，从其学禅者百余人，不久被河间王驱至河北林阳堂山，再次聚徒三百，受到北凉沮渠蒙逊的崇敬。及至北凉覆灭，被北魏贵族迎入平城，“大流禅化”，最后为拓跋焘所杀。这类禅僧团居无定所，聚散很快，“禅”的别解，也依旧为官寺的住持法师和律师所不齿。因此，这两类禅众在思想情绪上具有许多共同特点，最鲜明的是轻蔑经教义学和戒律仪规，不提倡偶像崇拜，认为众生悉有佛性，自我一切具足，关键在于自悟，不必拘于言行和静坐等形式。由此形成一种强烈的批判风气，反教条、反传统、反权威、反对任何束缚，成为正统佛教的反对派和异端。但相对而言，游动禅僧的批判，多表现为消极的抗议和不满；定居禅众的批判，不但达到了彻底的程度，而且有了自己全新的正面建树。

第一，聚居于山区的禅众，以自给性农垦为经济基础，劳动成为禅众的第一要务，因而从根本上改变了僧侣靠国家供养和民众布施的寄生式生活方式，为自我具足、自我完满的理想人格，提供了可以实现的物质条件。这种由聚居自给组织起来的群体，逐步制度化，到了怀海的《禅门规式》而完善。概括起来，就是财产公有，消费均等，没有家庭，同吃、同住、同劳动。其中“上下均力”、人际“平等”是这种群体的生命线。

这种生活方式反映于禅，使禅的观念和修持发生了积极的变化。“东山法门”即以“作坐”并重，“静乱无二”为特色，也就是把“作”和“乱”——主要是劳动引进入禅，改变了“禅”的基本性质。到了中唐，被禅僧大众欣然奉行的“三宝”，由“佛法、僧”，更改为“禾、麦、豆”，所谓“佛性”，成了“人性”。生活有了基本保障，现实的人身“自由”和人格“独立”，就成了禅的最高境界。

第二，由逃亡性的流动，到安定的山居，是对社会苦难和烦恼的一种解脱；向自然人生的回归，也是对世间名利的淡化；对自然美的发现，开拓了对自然自身的感受和欣赏。这种精神生活中的重大转变，在东晋支遁的诗文中，已经有了相当的反映，但只有到了禅宗才达到普遍和完善的程度。近乎原始粗朴的劳作和仅能疗饥的饭食，就曾作为审美的禅境被记载过。而大自然直接提供的境界和灵感，给予的感受和灵性，悠然超然，不但与经典禅法中那种与烦恼、名相苦苦争斗的心地迥然不同，而且也与禅定获得的身心愉悦和神异体验大异其趣。禅的观念和境界，由此而延伸到了自然界，接受自然界的陶冶。天真自然，纵情任性，作为虚伪矫饰、名教礼法的对立面，也就成了禅的另一种追求。

第三，武则天肯定东山法门，是一个影响深远的政策性决定。它从根本上解决了游僧失控的问题，把社会的不安定因素变成了安定因素；把消极的寄生群，变成了积极的生产群，同时大大缓解了由于政治冲突给社会可能带来的对抗和破坏。于是，禅宗吸收社会各阶层的失意者或败落者，就得到了统治集团的默许，并即以其山居，形成对社会的疏远，冷化和静化种种炽热的骚动。由此引发的直接反响，是官僚士大夫的参禅，并逐渐成风。他们的参禅，在于政治的自保，精神的自慰，性情的修养，胸怀的抒发，情绪的宣泄，令禅愈益带上这类文人的风貌。同时反转过来又构成文人性格中的一个方面，渗透到哲学、文学和艺术等诸多领域。

三、禅宗的“禅”是一种人生体验和主观意境

“禅”经过禅宗的洗礼，实现了一种革命性变革，原始面貌全非。其显著的变化大致有二：

（一）禅修的方式，由静坐扩大到坐卧住行一切方面，举手投足，瞬目转睛，无不是禅，从而将日常生活全部禅化。近自待人接物、一草一木，大到国家天下世界，都被赋予了禅的意义。这是一种禅的泛化现象，其结果之一，是贬斥以至取消了禅之作为特殊宗教修持的基本性能。

（二）禅的最高目的，从“证”改造为“悟”。“证”是一种非语言概念的认识活动，据说是契合佛教真谛，达到“觉悟”的决定性一步。它只有在禅思中才能实现，所以“证”也是典型的禅思维。近人把它诠释得深不可测，连一些西方学者也被搞得颠颠倒倒。其实它相当于因明中的“现量”，属目下有争议的那种直觉或直观的认识。“觉悟”，或单称“觉”，或单称“悟”，是佛教崇尚的最高智慧。佛教的理想人物是“佛”，“佛”即是觉者或悟者的音译。禅宗把禅对“证”的追求，改换为对“悟”的追求，或将“心性”直接归结为“觉”，都含

有超越“证”，或勿须“证”的意思。因为在禅宗看来，“悟”有多途，所在皆是，固不必用“证”以拘束于心。总括起来，禅宗开辟的“悟”径可分三类。

其一是语言文字。禅宗提倡“不立文字”，是因为它主张“不拘文字”，但不是取消文字。神会树南倒北，即以“言下便悟”对抗北宗的“摄心求证”。这一倾向反映到了《坛经》上，为唐后禅家所共许。其结果是传灯语录满天下，语录更胜于传灯之真，到了两宋，一发不可收拾，“看话禅”和“文字禅”席卷丛林，诗文并盛，评唱兼作，波及大批大批士人，而“默照禅”被贬斥和挤兑到几乎无地可容。

第二，“势”与“象”。“势”，指形体动作，从挤眉弄眼，到手打脚踢；从提杖舞棒，到拉弓虚射，都属于这类性质。“象”，指图像，诸如画圆标点，运用卦象皆是。二者既可以用于启悟学人，也可作表达悟否的手段。“势”，往往表现为举止乖张，半是游戏，半是戏谑；至于河北赵州从念和临济义玄，反映了极端困窘而不甘困窘的愤懑心情，遂形成棒喝之风，与呵佛骂祖一起，为禅悟之道平添了许多不可思议的成分。“象”则发端于南方，广行于沩仰，多取华严宗的理事融通说，往往流入经院烦琐，但其以“象”表“意”的方法，却影响巨大。

第三，“境”。禅宗素以“直指人心，见性成佛”为特色，所谓从“心”得悟。但其哲学基础，是唯识、华严家的“三界唯心”、“唯识无境”，所以“境”也是开悟的法门。如果说中唐禅宗关于“黄花翠竹”即是“法身般若”的命题尚有争论，到了晚唐之后，无情有性则成了诸家的共识。道一说“触境皆如”，文偃称“总在这里”，延寿谓“是境作佛”，都是强调从“境”上得悟。大珠慧海分“势”为四种，“指境势”即为其一。由眼前的“这个”见性悟道，故称“触类是道”。这样，禅被泛化到了一切对象，贯彻到了一切生活，从而升华为一种人生体验和主观意境，以及由此带来情感上的宣泄和抒发。

不论是流民还是失意文士，广义上说，都是社会失衡或社会动荡的产物。他们每个人各有不同寻常的经历，对社会自有一种独特的视角。在当时，对人生的苦涩与对名教的厌恶，当是最普遍的感受，由此形成的人生体验，几乎会天然地接近佛教关于“无常”、“不真”和“幻灭”的观念。人生的理想，唯一的现实可能是寄托于精神，于是佛教禅定中想象的超脱、独立和自由，就成了创造主观境界的主要趋向。将这类人生体验和主观意境凝聚为禅，用以指导生活，那就完成一种人格的塑造，一种精神世界和情境的塑造。这从禅之对于唐宋以来文风的影响，可见一斑。

禅宗所倡以言启悟，或以言示悟，这“言”，就不全是逻辑思维用的那种内涵和外延都十分明确的概念，而是古代哲人所谓的“言不尽意”的言。“达摩西来意”可以用经律论三藏千百万言解说，因而不能脱离语言文字，但任何名句文字都不足以充分表达。禅语扩大了这种言与意的矛盾，赋予语言以形象性和模糊性，于平淡粗俗中显深邃，在严峻冷峭处见热切，所以往往难以从字面上琢磨，但却耐人咀嚼，回味颇多。禅宗用语之美，及其工于表达那种说不清的思想和带有浓厚情感色调的意念，将中国语言推向一种艺术化的境地，成为唐宋以来艺术语言的重要来源。如果说，作为一种文体的诗词，不是直接受禅语的影响，至少二者是相互推动的。

“象”可通指任何形象和表象，包括“势”在内，也可以特指卦象。但与《周易》对“象”的释文全然不同。以“象”表悟，不受定义的限制，不遵辩证规律的拘束。“象”只是“悟”的工具，而不是目的，这与语言一样。“得意忘象”，而不能误象为意；以指指月，不能执指为月。因此，“象”作为“意”之无限丰富性的一种表现形式，也同样具有直观的模糊性，不能就象论象。直观模糊，在文艺上是朦胧，我们在中国的绘画和书法中也可以发现。中国画向写意的方向发展，工笔也没有达到西方写实的程度，这与禅可能是同类的趋向。

“境”也是如此。禅宗所指谓的“境”，都是心之所造。任何外境也都要给以观念的或感情的烙印，当成自我意识的影像。于是天地万物都在禅的面前变色变味，成为禅的特种表象。中国文人讲究“境界”，来源于佛教，其实所指即是禅宗这种将客观融会于主观所达到的一种心理状态。将自然万物拟人化，创造“境界”，大约从南北朝开始就成了文学艺术遵循的一条道路了。

因此，禅宗的禅，核心是“心”。此“心”在佛教称为佛性、如来藏、真如、觉，其功能归结为智，为知，为悟，它的宗教化为不灭的“神”，文艺上称性灵、灵性、悟性。由此开拓的一切禅行，都是内向的，连自然界也作为自心的伸展，是自我意识和情感的综合表露。这种思维方式，是独特的，既不同于一般的形象思维，更不同于逻辑思维，而与中国古代的文艺思维属同一种类型，可以叫作禅文艺思维，诚然带有明显的非理性色彩。它同科学思维可以并行不悖，但性质和功能却完全不同。它是在特定时代、特定阶层中产生和发展起来的，自有它的历史价值和现实价值，而不能代表中国古代思维的全部形式。理性、逻辑，始终是中国思维发展史上的主流。

事实上禅也有自身的理性传统。历代禅宗诸家与当权的统治者，大都保持一种不即不离的关系。他们已经取得的身份和精神境界，不可能不与现实政治保持一定的距离，但从总体上说，禅宗从来没有忘记政治。就禅众的切身遭遇看，或许比其他社会群体更加敏感，而禅往往也就成了反映社会变动的一种触角和特殊的表现方式。对政治的冷淡和炽热的奇妙结合，到两宋发展成为程度不同的爱国情结，禅更变为呵风呵雨、嬉笑怒骂、直泄胸臆的渠道。元、明、清的禅宗，主要活跃在战乱不宁、改朝换代之际，推动它发展的中坚力量是前朝遗民和爱国者，他们同眼前的执政集团冷然相对，取不合作态度，遂令唐宋禅风得到延续。这种禅风，在相当程度上反映和维系了中国文人的忧患意识和重情操的品格。在不言是非、不问善恶的无分别境界中，对是非、善恶反应的强烈，有时甚于常人。这又是我们对禅宗之禅必须另眼看待的一面。

悟 禅

信佛为求人生幸福，我绝不反对。但是，只求自己一人一家的幸福而不顾他人，我瞧他不起。得了些小便宜就津津乐道，引为佛佑；受了些小损失就怨天尤人，叹“佛无灵”，真是“阿弥陀佛，罪过罪过”！

——丰子恺《佛无灵》

想入非非

朱　湘

佛经的讽诵并不能羁勒住他的这许多思念。如其说，贪嗔爱欲便是意马心猿，并不限定要作了贪嗔爱欲的事情才是的，那么，他这个僧人是久已破了戒的了。

贾宝玉在出家一年以后
去寻求藐姑射山的仙人

自从宝玉出了家以来，到如今已是一个整年了。从前的脂粉队，如今的袈裟服；从前的立社吟诗，如今的奉佛诵经……这些，相差有多远，那是不用说了。却也是他所自愿，不必去提。

只有一桩，是他所不曾预料得到的。那便是，他的这座禅林之内，并不只是他自己这一个僧徒。他们，恐怕是只有很少的几个人，像他这般，是由一个饱尝了世上的声色利欲的富家公子而勘破了凡间来皈依于我佛的。从前，他在史籍上所知道的一些高僧，例如达摩的神异，支遁的文采，玄奘的渊博，他们都只是旷世而一见的，并不能以在任何地方、任何时候都遇到。他所受戒的这座禅林，跋涉了许久，始行寻到的，自然是他所认为最好的了。在这里，有一个道貌清癯、熟谙释典的住持；便是在听到过他的一番说法以后，宝玉才肯决定了在这里住下，薙度为僧的。这里又有静谧的禅房可以习道；又有与人间隔绝的胜景可以登临。不过，喜怒哀乐，亲疏同异，那里谁也免不了的，即使是僧人。像他这么整天的只是在忙着自己的经课，在僧众之间是寡于言笑的，自然是要常常的遭受闲言冷语了。

黛玉之死，使得他勘破了世情，到如今，这一个整年以后，在他的心上，已经不像当初那么一想到便是痛如刀割了。甚至于，在有些时候——自然很少——他还曾经纳罕过，妙玉是怎么一个结果：她被强盗劫去了以后，到底是自尽了呢，还是被他们拦挡住了不曾自尽；还是，在一年半载，十年五载之后，她已经度惯了她的生活，当然不能说是欢喜，至少是，那一种有洁癖的人在沾触到不洁之物时所立刻发生的肉体之退缩已经没有了。

虽然如此，黛玉的形象在他的心目之前，仍旧是存留着。或许不像当时那样显明，不过依然是清晰的。并且，她的形象每一次涌现于他的心坎底层的时候，在他的心头所泛起的温柔便增加了一分。

这一种柔和而甜蜜的感觉，一方面增加了他的留恋，一方面，在静夜，檐铃的声响传送到了他的耳边的时候，又使得他想起来了烦恼。因为，黛玉是怎么死去的？她岂不便是死于五情么？这使得她死去了的五情，它们居然还是存在于他宝玉的胸中，并且，不仅是没有使得他死去，居然还给与了他一种生趣！

在头半年以内，无日无夜的，他都是在想着，悲悼着黛玉。这是很自然的事情。半年快要完了的时候，黛玉以外的各人，当然都是女子了，不知不觉的，渐渐地侵犯到他的心上，来占取他的回忆与专一。以至于到了下半年以内，她们已经平分得他的思想之一半了。这个使得他十分地感觉到不安，甚至于自鄙。他在这种时候，总是想起了古人的三年庐墓之说……像他与黛玉的这种感情，比起父母与子女的感情来，或者不能说是要来得更为浓厚一些，至少是，一般的浓厚了；不过，简直谈不上三年的极哀，也谈不上后世所改制的一年的，他如今是半年以后，已经减退了他的对于黛玉之死的哀痛了。他也曾经想过各种各样的方法，要使得他的心内，在这一年里面，只有一个林妹妹，没有旁人——但是，他这颗像柳絮一般的心，漂浮在“悼亡”之水上的，并不能够禁阻住它自己，在其他的水流汇注入这片主流的时候，不去随了它们所激荡起的波折而回旋。

天长地久有时尽，
此恨绵绵无尽期！

这两句诗，他想，不是诗人的夸大之辞，便是他自己没有力量可以作得到。

在这种时候，他把自己来与黛玉一比较，实在是惭愧。

她是那么的专一！

也有心魔，在他的耳边，低声地说：宝钗呢？晴雯呢？她们不也是专一的么？何以他独独厚于彼而薄于此？并且，要是没有她们，以及其他的许多女子在一起，黛玉能够爱他到那种为了他而情死的田地么？

他不能否认，宝钗等人在如今是处于一种如何困难、伤痛的境地；但是，同时，黛玉已经为他死去了的这桩事实，他也不能否认。他告诉心魔，教它不要忽略去了这一层。

话虽如此，心魔的一番诱惑之词已经是渐渐的在他的头颅里著下根苗来了。他仍然是在想念着黛玉；同时，其他的女子也在他的想念上逐渐的恢复了她们所原有的位置。并且，对于她们，他如今又新生有一种怜悯的念头。

这怜悯之念，在一方面说来，自然是她们理所应得的：不过，在另一方面说来，它便是对于黛玉的一种侵夺。这种侵夺他是无法阻止的，所以，他颇是自鄙。

佛经的讽诵并不能羁勒住他的这许多思念。如其说，贪嗔爱欲便是意马心猿，并不限定要作了贪嗔爱欲的事情才是的，那么，他这个僧人是久已破了戒的了。

他细数他的这二十几年的一生，以及这一生内所遭遇到的人，贾母的溺爱不明，贾政的优柔寡断，凤姐的辣，贾琏的淫，等等，以及在这些人里面那个与他是命运纠缠了在一起的人，黛玉——这里面，试问有谁，是逃得过五情这一关的？人世间的悲欢离合，无一不是五情这妖物在里面作怪！

由我佛处，他既然是不能够寻求得他所要寻求到的解脱，半路上再还俗，既然又是他所吞咽不下去的一种屈辱，于是，自然而然的，他的念头又向了另一个方向去希望着了。

庄子的《南华真经》里所说的那个藐姑射山的仙人，大旱金石流而不焦，大浸稽天而不溺，或许是庄周的又一种“齐谐”之语。不过，这里所说的“大旱”与“大浸”，要是把它们来解释作五情的两个极端，那倒是可以说得通的。天下之大，何奇不有？虽然不见得一定能找到一个真是绰约若处子的藐姑射仙人，或许，一个真是槁木死灰的人，五情完全没有了，他居然能寻找得到，那倒也不能说是一件完全不可能的事体。

他在这时候这么的自忖着。

本来，一个寻常的人是决不会为着钟爱之女子死去而抛弃了妻室去出家的；贾宝玉既然是在这种情况之内居然出了家，并且，他是由一个唯我独尊的“富贵闲人”一变而为一个荒山古刹里的僧侣的，那么，他这样的异想天开要去寻求一个藐姑射仙人，倒也不足为奇了。

由离开了家里，一直到为僧于这座禅林，其间他也曾跋涉了一些时日。行旅的苦楚，在这一年以后回想起来，已经是褪除了实际的粗糙而渲染有一种引诱的色彩了。静极思动，乃是人之常情。于是，宝玉，著上僧服，肩着一根杖，一个黄包袱，又上路去了。

仁者永远无尽意

启　功

朴翁后半生更多地做佛教以及各宗教全体的统战工作，好像是一位彻头彻尾虔诚的佛教徒，哪知他的仁者胸怀，其来有自，宗教的表现，不过是仁者胸怀升华的一个支流罢了！

中国幅员广大，世界闻名。长江、黄河，自西东下，不但四海的民命赖以生存，南北的文化教养也获得无穷的滋长。

唐世藩镇割据，使得金瓯碎裂。北宋虽然部分统一，而又自制内部矛盾。同胞兄弟阋墙之后，夺位掌权的弟弟，把哥哥的子孙统统赶至江南，朝内失势的大臣，又都赶到更远的边境。从此造成数千年中国文化盛于江南，成了八九百年的局势。到了清朝，正常科举之外，还一再地举行博学鸿词的特别科举，所取人才，更多是江南的文士。

赵朴初生于皖江，长于沪、宁，又加天资颖悟，所谓渊综博达，亦出勤学，亦出天资。始到"立年"，即参加红十字会工作。这项工作，无疑是集中在扶生救死，奔走四方，对于体力锻炼、思想的仁慈，实是一种深刻的培养。那时有一急救对象，正处在困饿无援的境地，朴翁冒着生命的危险，把募来救济的粮食，送去救急。旁有关心的人士向青年的朴翁提出警告，朴翁反问：你如见到你的同胞困饿将死，那应取什么办法？是先问他的派别，还是先送去食品？由此不禁想到《论语》中孔子的弟子问孔子：如有"博施于民，而能济众"的人，算不算"仁"？孔子说：何止够"仁"，应该算"圣"，尧、舜恐怕都不易达到这种行为！又佛教传说中，有释迦牟尼自己割肉喂虎的故事，朴翁当然知道这类行为危险的程度，与割肉喂虎的传说相比可以说有过之而无不及！朴翁后半生更多地做佛教以及各宗教全体的统战工作，好像是一位彻头彻尾虔诚的佛教徒，哪知他的仁者胸怀，其来有自，宗教的表现，不过是仁者胸怀升华的一个支流罢了！

湖北蕲水陈家自秋舫殿撰（沆）以来文风极盛。朴翁在沪上时常请教于殿撰诸孙曾字一辈的先德，尤其喜读《苍虬阁诗》。陈四先生（曾则）的女公子邦织女士，在家庭的影响下成长，又和朴翁结了婚，成为朴翁在新中国工作更加得力的帮手。

1983 年我初次访问日本，谒见了宋之光大使，宋大使留我住在大使馆的宿舍。正在日本电视台上教中文的陈文芷女士，来到宿舍相访。文芷女士是邦织夫人的堂侄女，拿来朴翁吟诗的录音带给我听。她问我：“你猜是谁的哪一首诗？”我说一定是“万幻惟馀泪是真”那一首。文芷女士又惊又喜，说：“你怎么猜得这么准？”我说：“很简单。朴翁喜爱《苍虬阁诗》，《苍虬阁诗》中又这‘泪’的一首最为世所传诵。朴翁半生又都是在‘视民如伤’的心情下努力奔走的。请问朴翁选诗吟诵，不选这一首，又选哪一首呢？”这正禅机心印，相对拍手大笑。

后来叶誉老的一部分书画文物捐给国家文物局，王冶秋局长拿到朴翁家中，也叫我去参加鉴定。朴翁对书画文物本是很内行的，却微笑地在旁看大家发表意见。这一批书画，本是誉老自己亲自收藏的明清人的精品，并没有次等作品。其中给我留下印象很深的一卷憨山大师的小行书长卷，中间有几处提到“达大师”，抬头提行写。我想这样尊敬的写法，如是称达观大师，他们相距不远，又不见得是传法的师弟关系；抬头一望朴翁，朴翁说：“是达摩。”我真惊讶。一般内藏书中，对于佛祖称呼也并不如此尊敬抬头提行去写，不用说对达摩了，由此可见憨山在宗门中对祖师的尊敬，真是“造次必于是”的。我更惊讶的是，这一大包书画，朴翁并未见过，憨山的诗文集中也没见过这样写法，朴翁竟在随手披阅中，便知道憨山对祖师的敬意，这便不是偶然的事了。而朴翁乍见即知憨山心印，可证绝非掠影谈禅所能比拟的。

朴翁生活朴素，也不同于一般信士的长斋茹素。我曾侍于世俗宴会之上，但见朴翁自取所吃之菜，设宴的主人举出伊蒲之品，奉到朴翁坐前，表示迟奉的歉意，朴翁也就点头致谢，没有任何特殊的表示。这样生活，在饮食方面我还见过叶誉老先生。主人设宴，不知他茹素。誉翁只从盘边夹起蔬菜便来吃。我与主人相熟，刚要向他提醒誉翁茹素，誉翁自己说："这是肉边菜。"及至主人拿来素菜，誉翁已吃饱了。这两位都过了九十余岁，二位虽然平生事业并不相同，但晚年在行云流水般的起居中安然撒手，在我这后学八十八岁的目中所见，除著名的宗门大德外，还没遇到第三位！

我与朋友谈过朴翁素食的时间，我的朋友说一定是由于掌管佛教协会，才有这样的生活，但都不敢当面请教。一次，我因心脏病住进北医三院，小护士来从臂上取血，灌入试管，手摇不停。我问她为什么摇晃试管，她说："你还吃肥肉呢！血脂这么高，不摇动，它就凝固了。"正这时，见一位长者迈步进门，便说："你们吵什么？我吃了六十多年的素，血脂也并不低呀！"原来这位长者是赵朴翁。小护士扭头跑了，我真是百感交集，我这小病，竟劳朴翁挂念，又遗憾那位朋友没得亲自听到这句"吃了六十年素"。至今又是二十多年，朴翁因心脏衰竭病逝，并非因血脂高低影响生命。

朴翁寿近九十，常因保健住在北京医院。有一天我送习作装订本去求教，一进楼门，忽然打起喷嚏，我立刻决定写个纸条，不敢上楼求见，谨将习作呈上，以求教正。后来虽有要去谒见的事，只要有感冒之类的病情，便求别人代达，不敢冒失去求见。那天朴翁仙逝，正赶上我患"带状疱疹"（俗名串腰龙），又无法出门往吊。回忆朴翁令人转赐问病，真自恨缘悭，欲哭无泪了！

朴翁逝后，一次和一位佛教界的同志谈起今后朴翁这个位置的接班人问题，我们共同猜度，许多方面，例如：宗教信仰、办事才干、社会名望、人品年龄等，都不会成为极大的问题，只有一端，即朴翁的平生志愿和历史威望，实在不易想出有谁能够密切合格。朴翁身居佛教的领导人，却不是出家的比丘；以佛教协会的会长，在政协的各宗教合成的一组中团结一致，一言九鼎，大家同存敬佩之心，而不是碍于什么情面。我和友人说到这里，共同击掌相问："你说有谁?"接着又共同长叹。至今半年有余的时间中，自恨无文，不能把这段思想，综合起来，写成动人的韵语，敬悬在朴翁的纪念堂中，向全国人民表达我们的希望！

朴翁一生，从青年、中年到老年的心期和工作，无一处不是在"博施济众"的目的之下的，在先师孔子论"仁"的垂教中曾说：能做到这个地步的人，不止是一位仁人，而且够得上圣人，并恐怕尧舜未必全能做到！我读了若干篇敬悼朴翁的文章，所见的回向赞语，真可谓应有尽有，而"博施济众"的仁人之语，所见还不太多。我又在朴翁的书房中见到"无尽意斋"的匾额，这虽是《金刚经》中的一个词，对一位具有仁心，还无尽意的朴老来说，岂非"尧舜其犹病诸"，难道还不够一位"仁者"吗！

老舍先生就是禅

舒　乙

他的心灵被宗月大师的济贫义举重重地震撼过，虽然从理智上他也知道这一切都不能从根本上救穷人的命。宗月大师的真诚深深地感染了他，传染了他，征服了他。

“老舍先生就是禅！”

这句话是日本著名作家水上勉先生说的。

水上先生出身寒苦，少年时当过小沙弥，后来成了作家，《雁寺》是他的名篇。1965年老舍先生率中国作家代表团访日时曾去他家拜访，两人一见如故，谈得特别投机。第二年，老舍先生沉冤湖底，水上先生悲痛万分，率先写了悼念文章，便是那著名的《蟋蟀葫芦》，博得中外文人一片赞扬，以为他是个极有正义感的君子。

老舍先生曾在水上勉先生家中写过六祖慧能的偈句：“菩提本无树，明镜亦非台，本来无一物，何处惹尘埃。”是写在水上夫人送上的点心包装纸上的。水上勉先生望着这一串汉字，大吃一惊，竟和他小时候看见的这首名诗的字一模一样，不觉感慨起来，原来日中两国是亲密的同文之邦啊。

他一下子便喜欢上这位中国的老文人，说老舍先生很像他的叔叔。

他当即表示很愿去参拜六祖慧能呆过的蕲州黄梅的东禅寺，请老舍先生帮他找一名向导。

使他又吃了一惊的是，老舍先生说他自己愿意充当向导。

老舍先生死后，水上先生做过一个梦，梦见老舍先生走在前面，他自己跟在后面，手中捧着一只蟋蟀葫芦，半山上有一个隐藏在春雾中的古刹，一条小道曲曲弯弯地伸向那里，它便是东禅寺。

“文革”之后，水上勉先生匆匆赶来，先到老舍先生在八宝山的空灵的骨灰盒前合十祈祷，深深地鞠躬，后到老舍故居院中，由柿树上剪下一枝带叶带小柿果的小杈杈，直奔湖北黄梅东禅寺而去，把柿叶放在佛龛上，圆上了老舍先生“陪”他上东禅寺的心愿。

以后，水上勉先生又陆续发表《北京的柿子》、《东山的枇杷》两篇散文，讲的便是这些故事，不知引出多少日本人和中国人的善良而凄楚的泪来。

再以后，水上勉先生又了解了许多老舍先生的身世，听了不少关于他的故事，水上勉先生表示他要写一部关于老舍先生的书，他说：“老舍先生就是禅！”

“老舍先生就是宗月大师！”

这句话是老舍先生的好友萧伯青先生说的。

萧伯青先生早年毕业于北京大学，通过罗常培先生的关系认识了老舍先生，1931 年在老舍胡絜青结婚典礼上，萧伯青是老舍先生的伴郎。1938 年 3 月中华文艺界抗敌协会在武汉成立，老舍被推为“文协”的首领，萧伯青是唯一的专职的干事。以后，一同由武汉撤退至重庆。1942 年以后又一直住在北碚，同在一层楼上，朝夕相处，成为知己。1949 年以后在北京相逢，各人忙各人的；逢年过节仍然要聚在一起小饮一番。老舍先生去世后，萧先生写了大量回忆文章怀念他，提供了许多鲜为人知的史料，还留下了几十封记述老舍的通信，每一封都有编号，每一封都是一个“小铺盖卷”，厚达几十页，弥为珍贵。萧伯青先生是一位深知老舍先生为人的人。

北平的高僧宗月和尚 1941 年初冬圆寂，消息传到后方，老舍先生于 1942 年 1 月发表著名的悼文《宗月大师》，称宗月大师为恩人，表示要永远追随他向善。文章的结尾尤为动人：

> 没有他，我也许一辈子也不会入学读书。没有他，我也许永远想不起帮助别人有什么乐趣与意义。他是不是真的成了佛？我不知道。但是，我的确相信他的居心与苦行是与佛极相近似的。我在精神上物质上都受过他的好处，现在我的确愿意他真的成了佛，并且盼望他以佛心引领我向善，正像在三十五年前，他拉着我去入私塾那样！
>
> 他是宗月大师。

可惜，这篇感人至深的好文章，在老舍生前没有入过集，知道的人甚少，直到“文革”之后，方又得以重刊，渐渐被人所读，而且成了一篇涉及老舍身世的必读物。

宗月大师的事迹也渐渐被人们重视，有过调查，有过挖掘，慢慢地披露了出来。大家着实地惊讶，原来世上还曾有过这样一位完完全全舍了自己完完全全为了别人的伟人。

宗月大师俗名刘寿绵，年轻时是个蜜罐中长大的阔大爷，他家的房产如果排成一串可以占半条西直门大街。他享尽了人间富贵，吃喝玩乐无所不为；可是有一样好处，他心地善良，好施舍，出手非常大方，中年之后，渐渐地远近闻名，成了一名慈善家，外号“刘善人”。他的财产很快地都出了手，他办粥厂，搞救灾，开义学，把家财都送给了穷人，最后只剩下了一座后花园。最惊人的是他自己竟然出了家，当了和尚，而且让自己的夫人和两个女儿也一道入了佛门。

他已经一贫如洗，身上只剩下一件灰僧袍，入了冬还常常换不上棉袍，光着脚穿不上袜子。他修持极严，奉行“过午不食”，一日只吃一餐。他很忙，白天到处化缘，几乎随手就都给了穷人，晚上在庙里做功课，四墙都被他题满了念经得道后有感而发的偈句。

他被派往一座大庙去当住持，但很快又被罢免，因为他把城外的庙产义地都分给了贫农。不得已，只给了他一座没有任何庙产的小庙由他掌管。他的威望大增，成了一名德高望重的大和尚。

他的好处是知道一点就做一点，身体力行，绝对的言行一致。他的苦行和彻底的向善救人同样发达，达到令人难以置信的程度。一日，众僧徒凑钱为他缝制了一条新棉裤。老和尚早上穿着新棉裤出了门，晚上回来的时候，众徒奇怪，怎么师父又穿着破单裤回来了，追问他，回答说坐车回庙时，发现拉车的汉子没穿棉裤，冻得哆嗦，便和他换了穿。大年三十，徒弟们好不容易弄了点白面，包煮饽饽吃：煮好之后，给师父端来，他问“好吃吗”，不等回答便说，“好，好”，让赶快趁热给城根底下多少门牌的某某大妈端去，“她还没吃上煮饽饽”，他自己照旧做他的功课。宗月和尚很爱国，拒绝和日本人合作，被日本人逮捕过。他做过的好事无计其数，圆寂之后，半个京城的贫民，都是受过他恩惠的百姓，自动走上街头为他送葬，成为沦陷的北平城内的一桩盛事。

老舍先生自幼贫苦，和这位达官贵人的后代并不沾亲带故，只是他们的祖辈彼此认识，都是旗人，住得很近。在老舍先生七岁的时候，是善人拉着老舍的小手送入私塾让他念了书，成了舒家第一代识字的人。以后，在上中学的时候，善人又曾帮助他入学。所以，老舍先生说刘大叔在物质上是他的恩人。刘先生后来的所作所为无疑给了老舍极深的印象，他的心灵被宗月大师的济贫义举重重地震撼过，虽然从理智上他也知道这一切都不能从根本上救穷人的命。宗月大师的真诚深深地感染了他，传染了他，征服了他。人情有时会战胜理智，这就是一例。所以，老舍先生在精神上又把宗月大师视为自己的恩人和导师，表示要追随他积极向善。

他，的确这样做了，成了一名伟大的人道主义者。

当萧伯青先生读了重印的《宗月大师》之后，特别是又听了一些宗月大师的事迹之后，他脱口而出的第一句话就是：“老舍先生就是宗月大师。”

“在‘行善’上，老舍是个最有福的人。”

这句话是冰心先生说的。

冰心先生在一篇序文中谈到老舍先生时写过这样的话：

> 讲到他的“行善”、“分享”、“给人温暖”，我记得有一次我们谈到《圣经》（他是一个基督徒，这我从来不知道。我却是从中学到大学，都受的是基督教的教育），他说过《圣经》的要义是“施者比受者更为有福”。这我完全同意。我认为在“行善”上，老舍是个最有福的人。

老舍先生中学毕业之后，曾追随刘寿绵先生，积极从事各种慈善事业，为他搞过赈济调查，在他办的贫儿学校里当过教员。大约在1921年，他在缸瓦市基督教堂受了洗礼，入了基督教，在更大的范围内从事过社会救济和社会改造工作。他当过地方服务团的干事，并在不止一个社会民众团体中担任过文书，组织过相当大的社会活动。由种牛痘、灭蝇、讲卫生，到办识字班、办女工劳动所、办铭贤小学、改造“主日学”、起草改造教会的章程、积极把外国教会收归国有。几乎是无处不去，是好事就干。时间大致是1921年至1924年，在他25岁之前。

此后，他到了英国，教书之余从事写作，成了作家。

关于上述的一段往事，他很少提起，也极少在文章中写到，连他的好朋友都不知道他曾入过教，正像冰心先生所说。

然而，这些经历对他的一生都有巨大的影响，恰如宗月大师对他的一生有过不可磨灭的影响一样。

老舍先生有一颗金子般的心。

提炼金子的便是这些被忽视了的和被遗忘了的不寻常的经历与非凡的人物。

1949 年以后，老舍先生结束了颠沛流离的生活，在故乡北京买了一座小院，轮流地给北京人民艺术剧院和中国青年艺术剧院写剧本，以极为充沛的热情投入到新生活的开拓和建设中去。他的兴致极好，爱好极多，忙而愉快，永远忘不了帮助别人。

他喜欢画，有一次在荣宝斋买了一幅齐白石老人画的白玉兰，拿回家仔细一看，发现在画轴背后有用铅笔写的题签，原来竟是吴祖光先生的藏画。他早有耳闻：吴祖光 1957 年戴上“右派”帽子倒霉之后，发配到北大荒劳动，新凤霞也受了牵连，日子极为难过。老舍先生曾到过吴家，看见吴家老太太带着几个孙儿孙女过着一种清苦的日子，便诚心诚意地安慰了全家老小，劝新凤霞多给吴祖光写信，一天一封，不会写不要紧，要吴祖光替她改正，既学了文化，又给了家人温暖，日子一定能熬出头，千万别灰心丧气。新凤霞大为感动，当时没有人敢理她们一家人，老舍先生是第一个也是唯一的登门拜访者。她真的开始学着写信，真的一天一封，仿佛有了某种寄托。

可是，日子依然难熬，家中人口多，入不敷出，新凤霞一咬牙，便把祖光的藏画一股脑儿以很低的价格全卖给了荣宝斋，心想，大概再也不会有机会张挂这批字画了，不如换成嚼谷来得实际些。

不想，过了些日子，老舍先生在王府井大街上意外地碰见了吴祖光先生，两人都很惊讶。吴先生是获准第一次回家探亲的。老舍先生忙问：“是什么时候回来的？为什么不来看我？”不等对方回答，便拉着他回家去谈话。到了家中，老舍先生请吴祖光坐下稍候，说要给他看一件东西。他回自己的书房，取出了那幅齐老人的白玉兰。祖光看着这幅心爱的画，心潮起伏，一时不知说什么好。老舍先生收起画来，说：“你等一等，我给你写几个字。”他在画的装裱绫圈上用毛笔写了“物归原主矣，老舍”，把画还给了吴祖光。

一边递画，老舍先生一边抱歉地说：“不过，请你原谅，我没有把你的画全买回来！”

这句话使吴祖光先生的眼泪一下子急涌了出来。

“文革”之中，吴家又是翻天覆地，几经抄家，搞得一塌糊涂。可是，这张珍贵的画却被吴祖光先生巧妙地藏在了棚顶上幸免于难。十年过后，取出来一看，虽遭雨水浸过，画面依旧完好，只是没有了老舍先生的题字。吴祖光先生和新凤霞先生大喜过望，请老友刘金涛先生重新装裱，端端正正地挂在墙上，视为家宝。老友相见，一定要指向墙壁，说：“这就是那张白玉兰！”他们的结论便是：老舍先生有一颗金子般的心。这句话，老舍先生自己是听不见了，可是，他的老朋友听见了，他们为他感到骄傲，他们说：

他是个最有福的人！

灵山寺

贾平凹

来灵山寺的时候，经过了洛河，《洛神赋》的诗句便涌上心头，一时便想：甄妃是像你那么个模样吗？现在又想起了你，你是否也是想到了我而以云来昭示呢？

我是坐在灵山寺的银杏树下，仰望着寺后的凤岭，想起了你。自从认识了你，又听捏骨师说你身上有九块凤骨，我一见到凤这个词就敏感。凤当然是虚幻的动物，人的身上怎么能有着凤骨呢，但我却觉得捏骨师说得好，花红天染，萤光自照，你的高傲引动着众多的追逐，你的冷艳却又使一切邪念止步，你应该是凤的托变。寺是小寺，寺后的岭也是小岭，而岭形绝对是一只飞来的凤，那长长的翅正在欲收未收之时，尤其凤头突出地直指着大雄宝殿的檐角，一丛枫燃得像一团焰。我刚才在寺里转遍了每一座殿堂，脚起脚落都带了空洞的回响，有一股细风，是从那个小偏门洞溜进来的，它吹拂了香案上的烟缕，烟缕就活活地动，弯着到了那一棵丁香树下，纠缠在丁香枝条上了。你叫系风，我还笑过怎么起这么个名呢，风会系得住吗，但那时烟缕让风显形，给我看到了。也就踏了石板地，从那偏门洞出去，你知道我发现什么了，门外有一个很大的水池，水清得几近墨色，原本平静如镜，但池底下有拳大的喷泉，池面上泛着涟漪，像始终浮着的一朵大的莲花。我太兴奋呀，称这是醴泉，因为凤是非练实不食非醴泉不饮的，如果凤岭是飞来的凤，一定为这醴泉来的。我就趴在池边，盛满了一陶瓶，发愿要带回给你的。

小心翼翼地提着水瓶坐到银杏树下，一直蹲在那一块小菜圃里拔草的尼姑开始看我，说：“你要带回去烹茶吗?”“不。”我说，“我要送给一个人。”“路途远吗?”“路途很远。”

她站起来了，长得那么干净的尼姑，阳光下却对我瘪了一下嘴。

“就用这么个瓶?”

“这是只陶瓶。”

“半老了。”

我哦了一声，脸似乎有些烧。陶瓶是我在县城买的，它确实是丑陋了点，也正是丑陋的缘故，它在商店的货橱上长久地无人理会，上面积落了厚厚的灰尘，我买它却图的是人间的奇丑，旷世的孤独。任何的器皿一制造出来就有了自己的灵魂和命运，陶瓶是活该要遇见我，也活该要来盛装醴泉的。尼姑的话分明是猜到了水是要送一位美丽的女子的，而她嘲笑陶瓶也正是嘲笑着我。我是半老了吗？我的确已半老了。半老之人还惦记着一位女子，千里迢迢为其送水，是一种浪漫呢，还是一种荒唐？但我立即觉得半老二字的好处，它可以作我以后的别名罢了。

我再一次望着寺后的凤岭，岭上空就悠然有着一朵云，那云像是挂在那里，不停地变化着形态，有些如你或立或坐的身影。来灵山寺的时候，经过了洛河，《洛神赋》的诗句便涌上心头，一时便想：甄妃是像你那么个模样吗？现在又想起了你，你是否也是想到了我而以云来昭示呢？如果真是这样，我将水带回去，你会高兴吗?

我这么想着，心里就生了怯意，你知道我是很卑怯的，有多少人在歌颂你，送你奇珍异宝，你都是淡漠地一笑，咱们在一起吃饭，你吃得那么少，而我见什么都吃，你说过什么都能吃的人一定是平庸之辈，当一个平庸人给你送去了水，你能相信这是凤岭下的醴泉吗？“怎么，是给我带的吗?”你或许这么说，笑纳了，却将水倒进盆里，把陶瓶退还了我。

我用陶瓶盛水，当然想的是把陶瓶一并送你，你不肯将陶瓶留下，我是多么的伤感。银杏树下，我茫然地站着，太阳将树阴从我的右肩移过了左肩，我自己觉得我颓废的样子有些可怜。

我就是这样情绪复杂着走出了灵山寺，但手里依然提着陶瓶，陶瓶里是随瓶形而圆的醴泉。

寺外的漫坡下去有一条小河，河面上石桥拱得很高，上去下来都有台阶。我是准备着过了桥去那边的乡间小集市上要找饭馆。才过了桥，一家饭馆里轰出来了一男一女两个乞丐。乞丐的年纪已经大了，蓬头垢面地站在那里，先是无奈地咧咧嘴，然后男的却一下子把女的背了起来，从桥的这边上去，从桥的那边下来，自转了一下，又从那边上去，从这边下来，被背着的女的就格格地笑，她笑得有些傻，饭馆门口就出来许多人，看着看着也笑了。

“这乞丐疯了!”有人在说。

“我们没疯!”男乞丐听见了，立即反驳，“今日是我老婆生日哩!”

“是我的生日，”女乞丐也郑重地说，“他要给我过生日的!”

我一下子震在了那里，人间还有这样的一对乞丐啊，欢乐并不拒绝着贫贱！我羡慕着他们的俗气，羡慕着俗气中的融融情意，在那一刻里，请你原谅我，我是突然决定了把这一陶瓶的醴泉送给了他们。

但他们没有接受。

“能给一碗饭吗?”

“这可是醴泉!”

“明明是水么，水不是用河用井装着吗?”

这话让我明白了，他们原是不配享用醴泉的。

我提着水瓶尴尬地站在太阳底下，车脚向小集市上走，奇迹就在这时发生了，我无意地拐过一个墙角，那里堆放了一大堆根雕，卖主因无人过问，斜躺在那里开始打盹了。根雕里什么飞禽走兽的造型都有，竟然有了一只惟妙惟肖的凤，它没有任何雕琢痕迹，完全是一块古松，松的纹路将凤的骨骼和羽毛表现得十分传神。我立即将它买下。我是为你而买的，我兴奋得有点晕眩，为什么这个时候又让我获得这只凤呢，是天之赐予，还是我真有这缘分？我说，我是没有梧桐树的，但我现在有了醴泉，我有醴泉啊，饮醴泉你会更高洁的。

我明日就赶回去，你等着一个送醴泉的人吧。我已做好心理准备，如果你肯连陶瓶一并接受，那将是我的幸福；如果你接受了醴泉退还了陶瓶，我并不会沮丧，盛过了醴泉的陶瓶不再寂寞而变得从此高古，它将永远悬挂在我的书房，蓄满的是对你的爱恋和对那一对乞丐的记忆，以及发生在灵山寺的一系列故事的。

二〇〇一年六月十九日

庙　宇

余秋雨

> 娇妻幼子，弃之不见，琴弦俱断，彩色尽倾，只换得芒鞋破钵、黄卷青灯。李叔同失落了，飘然走出一位弘一法师，千古佛门又一传人。

一

自幼能诵《般若波罗蜜多心经》。当然不懂其义，完全是从乡间老妪们的口中听熟的。

柴门之内，他们虔诚端坐，执佛珠一串，朗声念完《心经》一遍，即用手指拨过佛珠一颗。长长一串佛珠，全都拨完了，才拿起一枚桃木小梗，醮一醮朱砂，在黄纸关牒上点上点。黄纸关牒上印着佛像，四周都是密密麻麻的小圈，果用朱砂点遍这些小圈，真不知需多少时日。夏日午间，蝉声如潮，老太太们念佛的声音渐渐含糊，脑袋耷拉下来，猛然惊醒，深觉罪过，于是重新抖擞，再发朗声。冬日雪朝，四野坚冰，佛珠在冻僵的手指间抖动，衣履又是单薄，只得吐出大声佛号，呵出口中热气，暖暖手指。

年轻的媳妇正在隔壁纺纱、做饭。婆婆是过来人，从纺车呜呜声中可以辨出纺纱的进度，从灶火的呼呼声中可推知用柴的费俭。念佛声突然中断，一声咳嗽，以作儆示，媳妇立即领悟，于是，念佛声重又平和。媳妇偶尔走过门边，看一眼婆婆。只等儿子长大成家，有了媳妇，自己也就离了纺车、灶台，拿起佛珠。

不知几个月后，庙中有一节典，四村妇人，皆背黄袋，衣衫干净，向庙中赶去。庙中沸沸扬扬，佛号如雷，香烟如雾。庄严佛像下，缁衣和尚手敲木鱼，巍然端然。这儿是人的山，人的海，一人之于众人，如雨入湖，如枝在林，全然失却了自身。左顾右盼，便生信赖，便知皈依。两膝发软，跪向那布包的蒲团。

邻家有一帮会中人，一日缺钱，闯入我家，抱我而走，充作人质，以便逼索。家人哀求追赶，无济于事。村间一二叔伯大声呼叫，只换得他大步逃奔。他抱我躲进了庙会的人群，挤挤挨挨，东张西望。

他从未进过庙宇，从未见过如此拥挤的人群。他的步子不得不放慢，渐渐端详起四周的奇景。佛号浩荡而悠扬，调节着他的鼻息，众人低眉垂目，懈弛了他的对抗。他怀抱我的手势开始变得舒适，宛若一个携婴朝拜的信士。当他挤出庙门，就像成了另一个人，笑咧咧的，走进我家，把我轻轻放回摇篮，扬长而去。我的嘴里，衔着一支土制棒糖。

他再也没有回来。听人说，就在几天之后，他在路上，被先前的仇人砸死。

二

我家近处的庙宇很小，只有两个和尚，一胖一瘦，还有一个年老的庙祝。瘦和尚是住持，严峻冷漠；胖和尚是云游僧人，落脚于此，脸面颇为活络。

两个和尚坐在一起念经，由瘦和尚敲木鱼，的的笃笃，呜呜唉唉。孩子们去了，围着他们嬉闹，瘦和尚把眉头紧蹙，胖和尚则瞟眼过来，牵牵嘴角，算是给孩子们打了招呼。孩子们追逐到殿前院子里了，胖和尚就会缓缓起身，穿过院子走向茅房，回来时在青石水斗里净净手，用宽袖擦干，在孩子们面前蹲下身来，摸摸他们的头发和脸蛋，然后把手伸进深深的口袋，取出几枚供果，塞在那些小手里，耽搁时间一长，瘦和尚的木鱼声就会变响，胖和尚随即起身，走回经座。

他们不念经的时候，孩子们敢到胖和尚的禅房里去。胖和尚满脸笑容，躬身相迎，问孩子们的名字，然后拿起毛笔，握住软软的小手掌，把各人的名字一一写上。他的字写得极好，比学校的女老师写得好多了。不忍心洗掉，照着它，一遍遍临摹。第二天写字课，老师看见黑糊糊的手掌，笑了："怎么把手都涂脏了？"还没说完，竟一步上前，紧紧握住，急问："谁写的，这么好？"她知道，这些村庄，几乎没有识字的人。说是和尚，老师像被烫着了一般，连忙放手，转身走开。

放了学，少不了告诉胖和尚，老师称赞了他的字。胖和尚噎声一笑，说："我们住持写得才好！"随即领孩子到后院，指了指菜园南端的一堵粉墙。那里，满墙都是乌亮活灵的字，比字帖上的还好。深深嘀了一声，小步走去，依偎着粉墙仰望。难怪瘦和尚一脸端庄。

一天，两个和尚仍在念经，孩子们唱起了老师新教的一首歌，像与和尚比赛。歌词是：

长亭外，古道边，芳草碧连天。
晚风拂柳笛声残，夕阳山外山。
……

和尚们念完一段经，站起身来。走向孩子们的，不是胖和尚而是瘦和尚。孩子们惊恐地要逃开，瘦和尚说："等一等，你们刚才唱的是什么？"孩子们嗫嚅地复述了一遍，瘦和尚说："来，到我的禅房里来。"

瘦和尚的禅房在楼上，孩子们从来没有上去过，心跳得厉害。这个禅房太整洁了，油亮的藏经箱成排壁立，地板油漆过，一尘不染。瘦和尚走到桌边举笔展纸，说："你们再念一遍。"孩子们边念，他边写，写完自个儿咿唔一阵，点头说："写得好。是你们老师写的？"他打开桌上的锡罐，取出一把供果，分给孩子们。比胖和尚平日分的，多得多了。

第二天当然又去转告老师，说和尚称赞她的歌写得好。老师立即脸红，说："我怎么写得出来？那是李叔同写的。"几天之后，瘦和尚又用毛笔在纸上写下三个字：李叔同。

学校离小庙不远，只隔着一条大路，但和尚和老师从来没有见过面。终于有一天，老师正在小小的操场上与孩子们玩，突然停住，眼睛直盯盯地看着墙外。那里是一个倾倒学校垃圾的瓦砾堆，瘦和尚正在弯腰拣着废纸。拣了一大堆，用长长的衣服兜着，走到庙门边，抖进墙上一个洞口，点火焚烧。洞口上有四个暗暗的字迹：敬惜字纸。

孩子们疑惑地仰脸看老师，老师也在发呆。

又有一次，轮到和尚们发呆了，两个和尚在路边看到一头羊被石头一绊，差点跌进水池。他们惜生护生，立即牵起羊颈上的绳子，拴在路旁一棵小树上。当时，大路旁已种下两排小树，直伸远方。两位和尚笑眯眯地正待走开，从校门里急急地奔出我们的老师，胸脯起伏着，气喘吁吁地解开拴在树上的绳子，对孩子们说："羊要把小树挣断的，快把羊送还给主人!"平下气息后她又说："等你们毕业，这树就遮成了林阴道。那时正是大热天，你们阴阴凉凉地走到县城去考中学。"

两位和尚在几步之外，呆呆站着。他们万没想到，学校教师竟是如此一位丽人。不敢正视，直耳听着，眼睛只盯着孩子们看。他们惜生护生，好像并不包括植物，而老师起伏的胸脯中，却藏着一个绿色的天地。

夜间，整个乡村一片漆黑，只有小庙禅房的灯和教师宿舍的灯还亮着，遥遥相对。禅房里点的是蜡烛头，教师点的是玻璃罩煤油灯。村里老人说，他们都在"做课"。

孩子们每夜都抓蟋蟀，连乱坟岗子也不怕。这里已是村边，村外是无边无际的荒原。于是，两道灯光，宛如黑海渔火。

三

吾乡东去 6 里许，有一座辉煌大庙，名曰金仙寺。寺门面对宽阔的白洋湖。寺庙前半部在平地上，后半部则沿山而上，路人只见其黄墙耸天，延绵无际，不知其大几何。进得寺门，立即自觉矮小，连跨过一条门槛也得使劲搬腿。谁也走不完它的殿阁和曲廊，数不尽它的佛像与石阶。曾扒窗偷看过它的一个厨房，其锅之大，几若圆池。老人说，兴盛之时，此寺和尚上千，一睹此锅，大体可信。记得此寺一个院落，有洒金木雕的全本西游记连环故事，刻工之精，无与伦比。乡间儿童，隔些时日便蹑脚进去，低声指认，悄声争辩，读完了一部浪漫巨著，也读完了一门雕刻美学。

金仙寺东侧，便是小镇鸣鹤场。走完狭长的街道，再走完一道长堤，又有一座小庙，土名石湫头。该地石湫处处，故而得名。石湫头小庙只是通向一座比金仙寺更为宏大的庙宇的起点。由它向南，翻过五座山头，即见远近闻名的五磊寺。

在乡人心中，金仙寺和五磊寺，无异于神秘天国。那里也该有住持或首领吧，他们会是何等样的超迈人物？如此浩大的排场，开支来自何处？这些问题，连小庙里的两位胖瘦和尚也完全不知。一天又一天，只听山那边传来的晨钟暮鼓，堂皇而又沉着。

大概是从30年代起始罢，两寺渐渐有了新的动向。山薯出土季节，常见田埂阡陌间，有两寺和尚挑担来往。他们把山薯送给有过施舍的人家，说是答谢，实则提醒，请施主赶紧再结善缘。看着汗渍涔涔的和尚，看着沾满黄泥的山薯，乡人们终于知道，两寺的财脉已经枯竭。黄泥山薯确是佳品，浓甜嫩脆，比平地红薯好得远了。

年长之后翻阅史料，看到一段记载惊了一跳。我离开座位，伫立南窗遥望家乡。岂能想到，和尚们挑着山薯走出庙门，五磊寺里住着的，竟然正是——写歌词的李叔同！

李叔同，留学日本首演《茶花女》，揭开中国话剧史。又以音乐绘画，刷新故国视听。英姿翩翩，文采风流，从者如云，才名四播。现代中国文化，正待从他脚下走出婉约清丽一途。突然晴天霹雳，一代俊彦转眼变为苦行佛陀。娇妻幼子，弃之不见，琴弦俱断，彩色尽倾，只换得芒鞋破钵、黄卷青灯。李叔同失落了，飘然走出一位弘一法师，千古佛门又一传人。

我们唱着他的歌，与和尚比赛，而他自己却成了和尚。

他在挣脱，他在躲避。他已耗散多时，突然间不耐烦嚣。他不再苦恼于艺术与功利的重重抵牾，纵身一跃，去冥求性灵的完好。

松涛阵阵，山雨淋淋，这里已没有一个现代的颤音。法师自杭州出家，历十余年，由净土而皈南山律宗，在五磊寺受菩萨戒，发愿弘扬律宗，创建道场。

五磊寺住持栖莲，金仙寺住持亦幻积极响应。一所“南山律学院”正酝酿建起。法师只提倡议，不管实务。两寺住持，只得到上海募钱。上海名士得知法师倡议，慨然解囊，两寺住持随即办置化缘簿，请法师写序。

法师一见簿册，突然大怒，严责两寺住持“藉名敛财”。但无财何从建院？法师也是进退维谷。重去招惹早已诀别了的世界，是他所忌讳。于是律学院停办，法师不久也云游别处，留下尴尬的庙宇两座。

或许可说，法师出家，是新文化在中国的尴尬，法师发怒，是佛教在新时代的尴尬。我由此想到小庙与学校间相对的灯光。两道灯光间，法师的袈裟如云如雾，飘荡隐约。

四

金仙寺旁，土木工程正忙。和尚们念经完毕，或挑山薯回来，成群结队傻傻地观看。

那是一位叫吴锦堂的华侨在重建家乡。吴氏不知何许人也，据传，乃近乡一普通农孩，长大流落上海，被雇于一家日本餐厅，如此这般，到了日本，竟日渐发达，成高官巨贾。然后倾其资产，投于桑梓。金仙寺面临的白洋湖，由他筑岸建堤，光洁坚致，气势恢弘。沿湖民房，悉数重造，皆若层层别墅。由东到西，长几里许，竟成了一个世外桃源。更为甚者，还在北面东山头，耗巨资兴建一所学校，曰锦堂师范。占地之大，建房之多，令乡间财绅咋舌。不久他便去世，金仙寺西侧，筑豪华墓道，成一名胜，供人凭吊。

墓体为白石，正如湖岸为白石，长堤为白石，荡荡展开，白得晃眼。圈圈白光围住了金仙寺，金仙寺依旧黄墙高耸，藤葛缠绕，暮鸦回翔。

和尚们洗涤打水，也享用着平臻臻的洋灰河埠。葛麻芒鞋，踏在上面，总觉得过于挺滑，不大自在。不知弘一法师可曾在这条长堤上漫步，估量他不会喜欢。他逃避着现代，而现代却莽莽撞撞，闯到了庙门跟前。

天长日久，无人修葺，吴锦堂的种种建筑，也渐渐污损，与四周萧索的村落悄悄扯平。唯有你到浙江的所所中学，遇到几名老教师，一问之下，常答曰出身锦堂师范。我在京沪两地，遇到一些浙籍知名学者，叙完同乡之谊，总能发现，竟也是锦建师范的人才。

抗日战争时期，曾有几名日本兵，为吴锦堂墓站岗。乡民疑惑了，不再对他感恩戴德。他的坟墓，一度成了晒谷场。

数月前在报上读得一条新闻：全国青少年珠算比赛，前面一批名次竟然全部属于浙江一座小镇。记者用惶惑不解的笔调写道，神童荟萃一处，实是奇迹。这座小镇，便是金仙寺旁侧的鸣鹤场，吴锦堂修建世外桃源的所在。

我是理解的，自豪地一笑。耳边响起哗哗的珠算声，如白洋湖的夜潮。

听说两大寺庙又在重新修复，款项甚巨。工棚里，应有锦堂师范的毕业生，指挥着算盘的交响乐。

注：此文发表后，收到从家乡寄来的《慈溪修志通讯》，其中有一段文字介绍吴锦堂：

吴锦堂（1855~1926），名作莫，东山头乡西房村人。出身农家，少时随父耕作，及壮东渡日本，经商致富，名重中外，素以桑梓为重，先后捐银数十万两，兴修水利，创办学校，泽被乡里。本世纪初，与陈嘉庚、聂云台并称全国“办学三贤”。又积极支持孙中山先生从事辛亥革命，是我国近代著名爱国华侨。

谈弘一法师临终偈语

叶圣陶

他临终前又写了“悲欣交集”四字，我以为这个“欣”字该作如下解释：一辈子“好好的活”了，到如今“好好的死”了，欢喜满足，了无缺憾。

我不参佛法，对于信佛的人只能同情，对于自己，相信永远是“教宗勘慕信难起”（拙诗《天地》一律之句）的了。也曾听人说过修习净土的道理，随时念佛，临命终时，一心不乱，以便往生净土。话当然没有这么简单，可是几十年来我一直有个总印象：净土法门教人追求“好好的死”。我自信平凡，还是服膺“未知生，焉知死”的说法。“好好的死”似不妨放慢些，我们就人论人，最要紧的还在追求“好好的活”。修习净土的或者都追求“好好的活”，只是我很少听见说起。

弘一法师临终作偈两首，第二首的后两句是“华枝春满，天心月圆”。照我的看法，这是描绘他的生活，说明他的生活体验：他入世一场，经历种种，修习种种，到他临命终时，正当“春满”“月圆”的时候。这自然是“好好的死”，但是“好好的死”源于“好好的活”。他临终前又写了“悲欣交集”四字，我以为这个“欣”字该作如下解释：一辈子“好好的活”了，到如今“好好的死”了，欢喜满足，了无缺憾。无论信教不信教，只要是认真生活的人，谁不希望他的生活达到“春满”“月圆”的境界？而弘一法师真的达到这种境界了。他的可敬可佩，照我不参佛法的人说，就在于此。我曾作四言两首颂赞他，就根据这个意思，现在重抄在这儿。

“华枝春满，天心月圆”。
其谢与缺，罔非自然。
至人参化，以入涅槃。
此境胜美，亦质亦玄。

“悲欣交集”，遂与世绝。
悲见有情，欣证悼悦。
一贯真俗，体无差别。
嗟哉法师，不可言说。

佛无灵

丰子恺

真是信佛，应该理解佛陀四大皆空之义，而摒除私利；应该体会佛陀的物我一体，广大慈悲之心，而护爱群生。至少，也应知道亲亲而仁民，仁民而爱物之道。

我家的房子——缘缘堂——于去冬吾乡失守时被敌寇的烧夷弹焚毁了。我率全眷避地萍乡，一两个月后才知道这消息。当时避居上海的同乡某君作诗以吊，内有句云："见语缘缘堂亦毁，众生浩劫佛无灵。"第二句下面注明这是我的老姑母的话。我的老姑母今年七十余岁，我出亡时苦劝她同行，未蒙允许，至今尚在失地中。五年前缘缘堂创造的时候，她老人家整日拿了史的克在基地上代为擘划，在工场中代为巡视，三寸长的小脚常常遍染了泥污而回到老房子里来吃饭。如今看它被焚，怪不得要伤心，而叹"佛无灵"。最近她有信来（托人带到上海友人处，转寄到桂林来的），末了说：缘缘堂虽已全毁，但烟囱尚完好，矗立于瓦砾场中。此是火食不断之象，将来还可做人家。

缘缘堂烧了是"佛无灵"之故。这句话出于老姑母之口，入于某君之诗，原也平常。但我却有些反感。不指摘某君思想不对，也不是批评老姑母话语说错，实在是慨叹一般人对于"佛"的误解。因为某君和老姑母并不信佛，他们是一般按照所谓信佛的人的心理而说这话的。

我十年前曾从弘一法师学佛，并且吃素。于是一般所谓"信佛"的人就称我为居士，引我为同志。因此我得交接不少所谓"信佛"的人。但是，十年以来，这些人我早已看厌了。有时我真懊悔自己吃素，我不屑与他们为伍。（我受先父遗传，平生不吃肉类。故我的吃素半是生理关系。我的儿女中有二人也是生理的吃素，吃下荤腥去要呕吐。但那些人以为我们同他们一样，为求利而吃素。同他们辩，他们还以为客气，真是冤枉。所以我有时懊悔自己吃素，被他们引为同志。）因为这班人多数自私自利，丑态可掬。非但完全不解佛的广大慈悲的精神，其我利自私之欲且比所谓不信佛的人深得多！他们的念佛吃素，全为求私人的幸福。好比商人拿本钱去求利。又好比敌国的俘虏背弃了他们的伙伴，向我军官跪喊“老爷饶命”，以求我军的优待一样。

信佛为求人生幸福，我绝不反对。但是，只求自己一人一家的幸福而不顾他人，我瞧他不起。得了些小便宜就津津乐道，引为佛佑；（抗战期中，靠念佛而得平安逃难者，时有所闻。）受了些小损失就怨天尤人，叹“佛无灵”，真是“阿弥陀佛，罪过罪过”！他们平日都吃素、放生、念佛、诵经。但他们的吃一天素，希望比吃十天鱼肉更大的报酬。他们放一条蛇，希望活一百岁。他们念佛诵经，希望个个字变成金钱。这些人从佛堂里散出来，说的统是果报：某人长年吃素，邻家都烧光了，他家毫无损失。某人念《金刚经》，强盗洗劫时独不抢他的。某人无子，信佛后一索得男。某人痔疮发，念了“大慈大悲观世音菩萨”，痔疮立刻断根……此外没有一句真正关于佛法的话。这完全是同佛做买卖，靠佛图利，吃佛饭。这真是所谓：“群居终日，言不及义，好行小慧，难矣哉!”我也曾吃素。但我认为吃素吃荤真是小事，无关大体。我曾作《护生画集》，劝人戒杀。但我的护生之旨是护心（其义见该书马序），不杀蚂蚁非为爱惜蚂蚁之命，乃为爱护自己的心，使勿养成残忍。顽童无端一脚踏死群蚁，此心放大起来，就可以坐了飞机拿炸弹来轰炸市区。故残忍心不可不戒。因为所惜非动物本身，故用“仁术”来掩耳盗铃，是无伤的。我所谓吃荤吃素无关大体，意思就在于此。浅见的人，执着小体，斤斤计较：洋蜡烛用兽脂做，故不宜点；猫要吃老鼠，故不宜养；没有雄鸡交合而生的蛋可以吃得。……这样地钻进牛角尖里去，真是可笑。若不顾小失大，能以爱物之心爱人，原也无妨，让他们钻进牛角尖里去碰钉子吧。但这些人往往自私自利，有我无人；又往往以此做买卖，以此图利，靠此吃饭，亵渎佛法，非常可恶。这些人简直是一种疯子，一种惹人讨嫌的人，所以我瞧他们不起，我懊悔自己吃素，我不屑与他们为伍。

真是信佛，应该理解佛陀四大皆空之义，而摒除私利；应该体会佛陀的物我一体，广大慈悲之心，而护爱群生。至少，也应知道亲亲而仁民，仁民而爱物之道。爱物并非爱惜物的本身，乃是爱人的一种基本练习。不然，就是“今恩足以及禽兽而功不至于百姓”的齐宣王。上述这些人，对物则慓慓爱惜，对人间痛痒无关，已经是循流忘源，见小失大，本末颠倒的了。再加之于自己唯利是图，这真是此间一等愚痴的人，不应该称为佛徒，应该称之为反“佛徒”。

因为这种人世间很多，所以我的老姑母看见我的房子被烧了，要说“佛无灵”的话，所以某君要把这话收入诗中。这种人大概是想我曾经吃素，曾经作《护生画集》，这是一笔大本钱！拿这笔大本钱同佛做买卖所获的利，至少应该是别人的房子都烧了而我的房子毫无损失。便宜一点，应该是我不必逃避，而敌人的炸弹会避开我；或竟是我做汉奸发财，再添造几间新房子和妻子享用，正规军都不得罪我。今我没有得到这些利益，只落得家破人亡（流亡也），全家十口飘零在五千里外，在他们看来，这笔生意大蚀其本！这个佛太不讲公平交易，安得不骂“无灵?”

我也来同佛做买卖吧。但我的生意经和他们不同：我以为我这次买卖并不蚀本，且大得其利，佛毕竟是有灵的。人生求利益，谋幸福，无非为了要活，为了“生”。但我们还要求比“生”更贵重的一种东西，就是古人所谓“所欲有甚于生者”。这东西是什么？平日难于说定，现在很容易说出，就是“不做亡国奴”，就是“抗敌救国”！与其不得这东西而生，宁愿得这东西而死。因为这东西比“生”更为贵重！现在佛已把这宗最贵重的货物交付我了。我这买卖岂非大利其利？房子不过是“生”的一种附饰而已。我得了比“生”更贵的货物，失了“生”的一件小小的附饰，有什么可惜呢？我便宜了！佛毕竟是有灵的。

叶圣陶先生的《抗战周年随笔》中说：“……我在苏州的家屋至今没有毁。我并不因为它没有毁而感到欢喜。我希望它被我们游击队的枪弹打得七穿八洞，我希望它被我们正规军队的大炮轰得尸骨无存，我甚而至于希望它被逃命无从的寇军烧个干干净净。”他的房子，听说建成才两年，而且比我的好。他如此不屑，一定也获得那样比房子更贵重的东西在那里。但他并不吃素，并不作《护生画集》。即他没有下过那种本钱。佛对于没有本钱的人，也把贵重货物交付他。这样看来，对佛买卖这种本钱是没有用的。毕竟，对佛是不可做买卖的。

禅是我们的“救心丹”

王开林

> 我们有时累得两眼晕黑，还背着一块大“石头”赶路。“放下”，这是最为善意的劝导，我们的一生如同长途跋涉，即刻丢下那些累人的辎重吧。

禅是最好的修心之法，于习气未深的人（即尚未在染缸中浸泡太久的人）而言，只要能第一时间放下手中和心中的“石头”，就可以将那些由利害得失招致的烦恼抛之九霄云外。否则，不管你是怎样出类拔萃的智者，都难免自陷迷障，被困在八卦阵中，不得其门而出。

因此，“放下”是禅宗最便宜的法门。

苏东坡是何等冰雪聪明的人？不用我说，大家心里有数。他曾在镇江作了一首赞佛的谒子，堪称绝妙好诗：“圣主天中天，毫光照大千。八风吹不动，端坐紫金莲。”他将这首禅诗寄到金山给方外好友佛印禅师印证。佛印看完，却全无一词赞好，信笔在诗后批了“放屁放屁”四字，便寄回给苏东坡。东坡一见回批，更放心不下，于是连夜过江，要讨个说法。佛印禅师笑道：“你不是讲‘八风吹不动’吗？竟被两个屁打过江来。”

凡事放不下，就有许多策身的奔劳，有许多揪心的计较。我们有时累得两眼晕黑，还背着一块大“石头”赶路。“放下”，这是最为善意的劝导，我们的一生如同长途跋涉，即刻丢下那些累人的辎重吧。

无门大师有一首禅诗，可看作超迈出俗的高人无偿奉献给我们的胜于寻常药石的金玉良言，就看我们如何消受它了：

春有桃花秋有月，夏有凉风冬有雪。
若无闲事在心头，便是人间好时节。

可是我们很难置那名利场中的“宁馨儿”（即闲事）于不顾，尽管明明知道身外诸多的“阿堵物”只是累人，但依旧不能忍痛割“爱”，因此好时节虽近在咫尺，伸手可及，却如隔天涯，令人望穿秋水。其实，觉悟与不觉悟中间只有一步之差，这一步却极难迈出，若迈出了，如同跨过了国界，两番心境必定判若云泥。

明朝罗殿元有一首《醒世诗》，活画众生像，从其局外人的语气看来，他已是一个早早跳出了“红火坑”的“清凉汉”。评说他人只费张嘴功夫，难就难在自家真有修为，脱了无涯苦海，枰外发论，真能一语点醒当局而迷的行棋人。其诗如次：

急急忙忙苦苦求，寒寒暖暖度春秋。
朝朝暮暮营家计，昧昧昏昏白了头。
是是非非何日了，烦烦恼恼几时休？
明明白白一条路，万万千千不肯修。

这首诗不似《红楼梦》中的《好了歌》那般教人将一切看破，却不免有点切责的意思。要芸芸众生都去修心非惟不实际，且与人的根性相左。人往往是以逐渐丧失自我为代价去获取一些大大小小的甜头，他们舍此更欲何为？发小愿心以超拔自我（即做自了汉），发大愿心以普度众生（即行菩萨道），二者颇有轩轾之分，登堂尚且不易，入室自然更难。禅家奉行纯粹的理想主义，他们从尘外求得菩提之种，众生则认定“二鸟在林，不如一鸟在手”，彼此大相抵牾。转轨不是百分之百的不可能，但这要视各自的慧根而定。世间许多人入了魔障，就再也不肯回头，连十八层地狱的残酷也吓不倒他们，禅家那只小小的方舟是无法将他们渡出苦海而达于彼岸的。

“舍利佛过去在因地中想行菩萨道，离开茅庵，不做自了汉，发了大愿心，入世度众生，便到十字街头去打坐。有一天，他见一妇人大哭而行，状极悲痛，就上前问她何故如此。那妇人说：‘我母亲有重病，医生说要世人的活眼睛才能医得好。’舍利佛闻言，动了慈悲，便道：‘我的眼睛给你好不好？’妇人点头，于是他忍受剧痛挖出右眼，妇人却并不领情，直说：‘错了，医生吩咐须用左眼才行。’舍利佛又忍受剧痛挖出左眼，妇人将他的眼睛拿到鼻前去闻，说是腥臭的，扔在地上，扬长而去。舍利佛觉得众生难度，就退了菩萨心。”

诸菩萨中，也只有地藏菩萨会发这样的大誓愿：“众生度尽，方证菩提。地狱未空，誓不成佛！”实际上，他犯了“太执著”这一佛家大忌，既然众生不可尽度，他成佛的日子也就邈邈难期了。

众生视禅宗所说的种种福报为画饼不能充饥，远水难消近渴，因此不肯轻信，也不肯虔修。他们要争的是那实实在在的眼前之物，即便是芥末微名，蝇头小利，也要拿出看家本领去搏到精疲力竭。有一则小故事讽刺这类人，可谓入木三分骂亦佳：

三个乞丐在街上行乞，甲手上拿一条蛇，乙手上拿一个莲花落，丙手上拿一个粪袋，他们同时见到地上有一文钱，为了将这枚钱据为己有，他们竟捋拳相向，打得不可开交，衙役即以扰乱社会治安罪将他们抓起来，交由县令发落。县太爷问道：“一文钱作不了什么大用，你们为何争个死去活来？”乞丐们却振振有辞：“我们一无所有，对此一文怎能不争？”县太爷听了这话，心想寻点乐子，便要他们当堂比穷（不是比文，也不是比武），谁最穷，这一文钱就判给谁。甲说：“屋漏见青天，衣破无线联。枕的是土砖，盖的是草垫。”乙说：“青天是我屋，衣衫无半幅。枕的是拳头，盖的是筋骨。”丙说：“一饿数十天，一睡大半年。死不得闭眼，只为这文钱。”县官听了大笑，他心知，这乞丐将他县太爷也捎带着骂了进去，但骂得天衣无缝，骂出了国际水准。

世人的许多营求大抵如这个故事所言，区别只在世人的处境远比那三个乞丐宽舒，手段稍加高明，收益更其显著，仅此而已。

禅家讲求平常心，他们与那些口诵心惟只知死读经文的闷头僧大异其趣。人生处处是道场，劳动尤其能使人获得开示。高峰老人有一首《插秧谒》，尤其能给人启迪：

> 手执青秧插满田，低头便见水中天。
> 六根清净方为道，退步原来是向前。

一言以蔽之，以退为进乃是禅家的人生观。禅也许就是人在进无可进退无可退时的急中生智，即顿悟。在这一点上，我更倾向于南宗，觉得北宗的渐悟是过于迂缓了。禅家的行为在外人看来之所以显得神秘而不可解，乃是因为他们的方便法门大都很奇怪很独特。

衢州子湖岩利纵禅师曾在寺门前立一块大木牌，上面写道："子湖有一只狗，上取人头，中取人心，下取人足。拟议即丧身失命。"有僧人来参拜，利纵禅师便说："看狗！"这话真有点令人悬揣。利纵的本意是要激活来人的悟性，使其急中生智，如"新发于硎"。真正的觉悟绝非从容的思谋可得，也不是众人的讨论可以从旁帮补的，有时，倒是一声震耳欲聋的当头棒喝更为奏效。另有一则故事讲得尤其可怖，五台山秘魔崖和尚常持一木叉，每每见到僧人来礼拜，即叉住他的脖颈逼问："哪个鬼魅叫汝出家？哪个鬼魅叫汝行脚？道得也叉下死，道不得也叉下死，速道速道！"这真教人出汗，真让人透不过气来。颈项被大木叉叉着，你还能慢条斯理吗？

在未入境界前，修行纯然是苦事。何从悟道？是一个谜；如何证得所悟？是另一个谜。若想解破它们，既要根器完好，又要苦修不辍，再假以时日以求精进，还得幸获机缘，诸种条件若不能一一际会，就不得其门而入。所以说，道业难成。初出家的人道心都好，日久则殆。道是："出家一年，佛在眼前；出家二年，佛在西天；出家三年，问佛要钱。"这种露水样的道心，又怎能了生断死呢？唯有像憨山禅师那般"纵使炎天如烈火，难消冰雪冷心肠"的人才可以腾身直入佛界净土。黄檗老人说："不是一番寒彻骨，怎得梅花扑鼻香？"可见大修为务必有大坚忍大寄托去成全，方能功德圆满。

禅有一味或百味，皆寸心所知。

禅，并非万应灵丹，治疲癃残疾无显效，治心的最佳验方则非此帖而莫属，称它为我们的"救心丸"决不为过。其中妙谛均不在言诠之中，世人若不能意会得，实为可惜。